Michael Mann

Das Glückseligkeitsprinzip

Fünf Ebenen des Seins für dein erfülltes Leben

Ich widme dieses Buch Nicole,
die eine Quelle der Glückseligkeit ist.

MICHAEL MANN

DAS GLÜCKSELIGKEITSPRINZIP

Fünf Ebenen des Seins
für dein erfülltes
Leben

BONIFATIUS

Bibliografische Information der Deutschen Nationalbibliothek:
Die Deutsche Nationalbibliothek verzeichnet diese Publikation in der Deutschen Nationalbibliografie; detaillierte bibliografische Daten sind im Internet über http://dnb.d-nb.de abrufbar.

Klimaneutrale Produktion.
Gedruckt auf umweltfreundlichem, chlorfrei gebleichtem Papier.

Aus Gründen der besseren Lesbarkeit wird in diesem Buch teilweise bei Personenbezeichnungen und personenbezogenen Hauptwörtern die männliche Form verwendet. Entsprechende Begriffe gelten im Sinne der Gleichbehandlung grundsätzlich für alle Geschlechter. Die verkürzte Sprachform hat nur redaktionelle Gründe und beinhaltet keine Wertung.

Umschlaggestaltung: Weiss Werkstatt München, *werkstattmuenchen.com*
Umschlagillustration: © shutterstock_723225766 | Taigi
Satz: Bonifatius GmbH, Paderborn
Redaktion u. Lektorat: Carolin Moussa
Druck und Bindung: Bonifatius GmbH, Paderborn
Printed in Germany

ISBN 978-3-89710-933-9

Weitere Informationen zum Verlag:
www.bonifatius-verlag.de

Dieses Buch ist für:

Sie, die Sie ein feines Gespür für Ihr Potenzial haben.

Alle Menschen, die sich auf den Weg machen,
um Erfüllung und die Quelle der Glückseligkeit zu finden.

Möge es eine Evolution in Ihnen auslösen.

Inhalt

In einer Welt allgegenwärtiger Entzweiung, voller Ablenkung und Stressfaktoren suchen immer mehr Menschen nach einer Lebensweise, die ihrem göttlichen Wesen entspricht. Immer mehr Menschen machen sich auf, das Wesentliche, das eigentlich *Lebendige* zu suchen. Uns treibt die Sehnsucht nach einem Leben in Fülle. Denn auch wenn viele von uns auf den ersten Blick scheinbar alles haben, was man zum Glücklichsein braucht, spüren wir, dass uns das Wesentliche fehlt. Wir spüren, dass es mehr geben muss als das, was wir sehen – etwas Großes, Wunderbares, das sich hinter diesem Schleier aus Alltagsgrau, Sorgen und Hektik verbirgt. Wir sehnen uns nach *Glückseligkeit.*

Wir sehnen uns nach Glückseligkeit.

Möchten Sie sich mit mir auf den Weg machen zu diesem Großen, Wunderbaren, zu diesem Leben in Fülle, einem Leben in *Glückseligkeit*? Dann ist dieses Buch für Sie.

Ich selbst arbeite seit über zwanzig Jahren als Mentaltrainer und Seelsorger. Dabei habe ich unzählige wunderbare Dinge erlebt. Ich durfte meine Seminarteilnehmer so weit ausbilden, dass sie in die Lage versetzt wurden, Dinge allein mit der Kraft der Gedanken in ihr Leben zu ziehen. Dabei ist mir aufgefallen, dass die mentale Ebene ebenso wie die spirituelle von den meisten Menschen gar nicht bewusst genutzt wird. Der Grund für die allgemeine Erschöpfung und Unzufriedenheit, die um sich greifen, liegt darin, dass wir mit viel zu schwachen Werkzeugen viel zu große Aufgaben bewältigen wollen.

Verstehen Sie mich nicht falsch: nichts gegen Muskelkraft und Logik! Aber für das 21. Jahrhundert brauchen wir ebenso Weisheit, mentale Stärke und vor allem die Kompetenz unserer göttlichen Seele.

Da ich in diesem Buch Ihre Seele ansprechen möchte, erlaube ich mir nun, vom „Sie“ ins „Du“ zu wechseln. Das Sie hält auf Distanz; das Du ist näher. Nähe ist Kontakt, und Kontakt bringt uns ins Hier und Jetzt. Und genau hier liegt die Glückseligkeit.

Uns treibt
die Sehnsucht
nach einem Leben
in Fülle.

Vorwort

Woher kommen wir? Wofür lohnt es sich zu leben? Wohin gehen wir? So lauten drei der größten Fragen, die wir Menschen uns seit Jahrtausenden stellen. Sie lassen sich alle drei mit einem Wort beantworten: Glückseligkeit. Wir kommen aus der Glückseligkeit und wir kehren eines Tages in die Glückseligkeit zurück. Und es lohnt sich, für die Glückseligkeit zu leben, dafür sind wir hier. Dafür haben wir Freiheit und einen Körper bekommen – um herauszufinden, was uns glücklich und glückselig macht.

Warum sind einige Menschen glücklicher als andere? Das Streben nach Glück ist uns doch allen gleich. Der Grund ist meiner Meinung nach, dass wir zum einen für so ziemlich alles im Leben einen Plan haben und zum anderen irgendjemanden, der aufpasst, dass dieser Plan auch eingehalten wird. Lehrer sorgen dafür, dass Lehrpläne umgesetzt werden, Polizisten sorgen dafür, dass wir uns an Verkehrsregeln halten, und der Bundestrainer trainiert die Nationalmannschaft. Doch für unsere tiefe innere Zufriedenheit, für unsere Glückseligkeit fehlen sowohl der Plan als auch derjenige, der das Gelingen im Auge behält. Wenn wir uns für alles andere einen Lehrer, einen Berater oder Begleiter suchen, warum dann nicht auch für unsere Glückseligkeit? Nicht umsonst gibt es Therapeuten und Seelsorger, die hier mit Rat und Tat zur Seite stehen. Warum verzichten heutzutage immer noch so viele Menschen darauf, sich auf dem Weg zu innerer Zufriedenheit anleiten zu lassen?

Glück schien über viele Jahrhunderte hinweg zufällig, wahllos und unberechenbar zu sein. Heute gibt es die Glücksforschung, eine neue und ganz eigene Wissenschaft, die zwar noch in den Kinderschuhen steckt, aber schon viel Aufsehen erregt hat. In ihr zeigt sich, dass das, was die Weltreligionen uns seit Jahrtausenden zu vermitteln bemüht sind, alles andere als himmlische Fantasiekonstrukte oder schräge Ideen eines umnebelten Yogi-Geistes sind. Im Gegenteil lässt sich vieles, was hier an Lebensweisheiten, an Verhaltensweisen und Handlungsempfehlungen seit Generationen gepredigt wird, wissenschaftlich hieb- und stichfest erklären. Nun soll es hier aber nicht um Glück, sondern um die Glückseligkeit gehen. Also wo liegt der Unterschied?

Als Glück bezeichnen wir eine gute Gelegenheit, einen Zufall, der uns etwas beschert, das wir uns gewünscht haben, das wir brauchen oder das uns überraschend neue Möglichkeiten eröffnet. Glück*selig* sind wir, wenn sich zum äußeren Glück dann auch noch die innere Seligkeit gesellt. Wer von sich sagen kann, dass er glückselig ist, der ist in der Lage, diesen Zustand über einen gewissen Zeitraum hinweg aufrechtzuerhalten. Selbstverständlich nicht rund um die Uhr in ekstatischen Höhen – dafür hält das Leben zu viele Widrigkeiten bereit. Doch trotz negativer äußerer Einflüsse sind glückselige Menschen fähig, sich in ihr „inneres Festzelt“ zu begeben und sich hier die Kraft zu holen, die sie brauchen, um dem Alltag mit Energie und einer positiven Haltung zu begegnen.

Ich persönlich hatte das große Glück, dass ich immer jemanden an der Seite hatte, der sich mit mir gemeinsam um meine seelischen, mentalen und emotionalen Dinge gesorgt hat: als Kind und Jugendlicher meine Eltern und der Seelsorger unserer Gemeinde, dann leidenschaftliche Lehrer an der Uni und später inspirierende weise Männer und Frauen. Sie haben mir geholfen, dass ich heute ein glückseliges Leben führen kann. Genau diese Art Begleiter möchte ich mit diesem Handbuch auch für dich sein.

Glückselig sind wir,
wenn sich zum
äußeren Glück
dann auch noch
die innere Seligkeit
gesellt.

Einleitung

An der Schule hatte ich ein aufrüttelndes Erlebnis. Einer meiner Mitschüler bezeichnete mich als Gustav Gans, den Glückspilz aus den Micky-Maus-Comics. Es klang fast wie ein Vorwurf. Ich war zunächst ziemlich irritiert. Hatte ich tatsächlich mehr Glück als andere? Ohne dafür etwas zu tun? War das nicht unfair? Wurde ich, von wem auch immer, womöglich bevorzugt behandelt?

Die Botschaft war ambivalent. Einerseits schien mein Mitschüler mich zu beglückwünschen, dass Fortuna mich begünstigte, andererseits schien er neidisch zu sein und sich ebenfalls nach ihrer Gunst zu sehnen.

Ich ging der Sache nach. Tatsache war auf jeden Fall, dass ich schon immer ein echtes Glückskind gewesen war. Seit frühesten Kindertagen schien ich das Gute anzuziehen – ich hatte ein liebevolles Elternhaus, wir fuhren mehrmals im Jahr in den Urlaub, trotz nicht immer brillanter Noten kam ich mit meinen Lehrern sehr gut klar und bei den Mädchen war ich beliebt. Auch die kleinen Herausforderungen im Alltag gingen für mich immer gut aus. Aber warum? Warum gelang mir wie von selbst, fast spielerisch das, wonach sich andere Menschen ihr Leben lang sehnten?

Ich dachte viel darüber nach, beobachtete und verglich mein eigenes Verhalten mit dem der anderen. Und begann langsam, eine leise Ahnung zu bekommen; es schien wirklich eine Spur zu geben. Aus irgendeinem Grund hatte ich einen ganz bestimmten Blickwinkel auf die Welt eingenommen. Wie ein Goldwäscher filterte ich jedes Klümpchen Weisheit heraus, das mir das Leben zutrug.

In die Kirche ging ich gerne. Die Pfarrer strahlten so viel Positives aus, so viel Liebe und Seligkeit, dass ich mich nach dem Gottesdienst voller Energie und Freude fühlte. Diese Sonntage prägten mich tief. Wenn ich daran zurückdenke, erinnere ich mich an ein barockes Deckengemälde: Ein Engel hielt ein großes Füllhorn in der Hand. Aus dem Füllhorn fielen alle möglichen bunten Feldfrüchte heraus. Wenn man in der Bank saß und nach oben schaute, war es so, als ob einem alles direkt in den Schoß fiele. In diesen frühen Jahren baute ich Schritt für Schritt ein unumstößliches Gottvertrauen auf – oder, wie es die Psychologen sagen würden: Urvertrauen.

Mit 19 hielt ich den Bestseller *Sorge dich nicht, lebe!* von Dale Carnegie in den Händen. Der Titel fasst die Kernaussage des Buchs gut zusammen: Wer immer nur in der Vergangenheit lebt oder sich ständig Sorgen um das macht, was morgen sein könnte, vergisst den Augenblick, das Hier und Jetzt; er vergisst zu leben. Interessanterweise war das für mich nichts Neues. Ich hatte diese Weisheit seit meiner Kindheit scheinbar intuitiv aus meinem einerseits offen-spirituellen, anderseits im positiven Sinne christlich-religiösen Umfeld gezogen. Was ich bei diesem berühmten Ratgeber allerdings vermisste, war die emotionale Ebene – das Eintauchen in das Gefühl, das sich einstellt, wenn wir mit allen Sinnen den Augenblick genießen.

Dennoch sah ich mich nach der Lektüre Carnegies bestätigt: Das Hier und Jetzt sollte Priorität haben. Zuerst möge die Seele jubeln, möge ein Gefühl von Glückseligkeit in mir wachsen; alles andere geht einem dann leichter von der Hand, und die Hindernisse, die das Leben mit sich bringt, lassen sich leichter bewältigen. Mehr oder weniger intuitiv entwickelte ich so eine Erfolgsmethode, die auf einem tiefen Vertrauen in das Leben beruhte. Dieses Ur- oder Gottvertrauen bescherte mir viele glückselige Momente, und die wiederum schienen sehr hilfreich zu sein, um im Leben mehr Glück zu haben als andere. Im Laufe der Jahre wurde für mich immer deutlicher, dass Glück nichts mit Zufall zu tun hat. Glück muss man können. Das Gute ist: Jeder kann es lernen!

Um dir nahezubringen, wie ein Leben in Glückseligkeit gelingt, greife ich auf das *Kosha*-Modell zurück – ein Modell, das vor mehreren Tausend Jahren in Indien erstmals Form angenommen hat. Dieses Modell bietet einen großartigen Überblick über das Zusammenspiel von Körper, Geist und Seele. Biologie, Psychologie und Theologie sind in diesem Modell vereint und nicht getrennt. Da es ein ganzheitliches Modell ist, spielt die Ebene der Spiritualität zwar eine sehr wichtige Rolle, ist aber nicht abgekoppelt von physischen, biologischen oder psychischen Bereichen. Mit diesem Modell versteht man, wie Seele, Geist, Verhaltensmuster, emotionale Reife, Vitalität und Körper zusammenhängen und einander bedingen. Durch die Jahrtausende hindurch wurde es kontinuierlich weiterentwickelt.

Was ich hier unternehme, ist der Versuch, die Spiritualität des Westens und vor allem meine eigenen christlichen Wurzeln mit den inspirierenden Schulen des Ostens zu verweben. Ich erlebe viele Menschen, die Yoga und Zen praktizieren und ihre eigenen christlichen Wurzeln gekappt haben. Das halte ich nicht für zielführend. Es hat

Es geht nicht darum, welchen Weg man geht, sondern ob man bei sich ankommt.

seinen Grund, dass sie hier im Westen geboren wurden. Man kann seine eigenen religiösen Wurzeln behalten und sich durch neue Wege aus dem Osten tiefer in die großen Geheimnisse einführen lassen. Ich bin sowohl Theologe als auch Yoga- und Meditationslehrer. Ich habe mich mit beiden Weisheitsströmen aus West und Ost bewusst verbunden. Das geht wunderbar Hand in Hand. Denn letztendlich geht es nicht darum, welchen Weg man geht, sondern ob man bei sich ankommt.

Mein Ansatz, westliche und östliche Mystik miteinander zu verbinden, wurde mir sprichwörtlich in die Wiege gelegt. Meine Tante studierte Theologie und Psychologie, und in ihrer Freizeit praktizierte sie Zen-Meditation. Schon während meine Mutter mit mir schwanger war, meditierten die beiden Schwestern zusammen. Ich kann mir gut vorstellen, dass diese besonderen Momente nicht spurlos an meiner Entwicklung vorbeigegangen sind. Als Kind war ich oft bei meiner Tante zu Besuch, und mehr als einmal durfte ich mit ihr zusammen besondere Momente der Andacht erleben. Was sie da tat, war eine Art Verbindung von Ost- und West-Gebet: Im Zen-Sitz saßen wir in ihrem Meditationsraum vor Gold verzierten Ikonen und beteten. (Das liest sich jetzt vielleicht sehr fromm. Um das Bild nicht zu verzerren, sei gesagt: Ich war sonst eher ein wilder Junge, der rumtobte, viel im Wald war und gerne kleine Streiche spielte.)

Inzwischen, knapp 40 Jahre später, sind östliche Formen der Meditation ein weltweiter Megatrend. Was der Trend jedoch völlig übersieht, sind unsere eigenen mystischen Schätze, die direkt vor unseren Füßen liegen. Die eigentliche Kunst liegt darin, die neuen Meditationsformen zu nutzen, um die eigenen Schätze wieder *wert*-schätzen zu können. Denn das, was wir suchen, tragen wir bereits in uns – auch in unserer eigenen christlich geprägten Kultur! Wir sind schon Träger einer reichen Tradition. Der Schatz lag nie woanders. Der Schatz, den wir suchen, liegt immer in uns.

Manchmal denke ich, es geht uns so wie dem jungen Santiago: In seinem Bestseller *Der Alchimist* beschreibt Paulo Coelho, wie der junge Schäfer aus Andalusien aufbricht, um einen Schatz zu suchen. Alles deutet darauf hin, dass er den Schatz weit weg bei den Pyramiden finden wird. Am Ende der Erzählung stellt er jedoch fest, dass er die ganze Zeit schon direkt auf seinem Schatz geschlafen hat. Als Schäfer schlief er in einer Ruine, die ihm und seinen Schafen ein wenig Schutz gab. Genauso wie der junge Santiago, vermuten wir den Schatz in der Ferne, dabei stehen wir schon auf unserem Schatz, unserem eigenen Vermächtnis. Yoga, Zen, Achtsamkeit sind für mich nicht das Ziel, sondern das Werkzeug, um die Schätze, auf denen ich bereits schlafe, zu heben. So wie Santiago sicher niemals in seiner Ruine nach einem Schatz gegraben hätte, so wenig vermuten wir in unseren eigenen kulturellen Ruinen einen Schatz. Diese lange Reise, auf der viele Abenteurer scheitern, ersparte mir meine Tante, indem sie das Zen-Bänkchen vor die Christus-Ikone stellte und mich als Kind draufsetzte.

Während meiner Studienzeit befasste ich mich mit dem interreligiösen Dialog. Ich schrieb meine Diplomarbeit über das Projekt *Weltethos* von Hans Küng[1]. Dieses hebt die grundlegenden Werte, die alle Religionen miteinander verbinden, heraus. Das Thema gab mir die Möglichkeit, mich mit den großen spirituellen Weisheitstraditionen der Menschheit zu beschäftigen. Alle großen Kulturen haben Wege und Mittel raus aus der Sorge, rein in das glückliche und selige Leben entwickelt. Mich inspiriert es immer wieder aufs Neue, diese miteinander zu kombinieren.

Einer der Männer, die mich in meiner Überzeugung bestätigten, ist Niklaus Brantschen. Er ist Gründer der *Via Integralis*[2]. Brantschen betont, dass er sowohl Christ als auch Buddhist ist. Bei ihm habe ich gelernt, wie man zwei religiöse Fäden ineinander weben kann, ohne sie zu vermischen und ohne den einen geringer als den anderen zu schätzen. Meisterlich hat er christliche Mystik mit dem Weg des *Zen* verbunden. Auf einem Retreat in Zug in der Schweiz durfte ich ihn zum ersten Mal persönlich kennenlernen. Er erzählte uns, dass er einmal gefragt wurde, wie er als Priester gleichzeitig Zen-Meister sein könnte. Mit strahlenden Augen gab er uns die Antwort: „Mein Gott ist groß. Ich habe viel Freiheit." Die Begegnungen mit ihm waren für mich ein Meilenstein auf meiner Suche nach einem ganzheitlichen spirituellen Weg. Und dennoch hatte ich das Gefühl, immer noch nicht da zu sein, wo ich hinwollte. Bis jetzt war alles Kopf und Geist, aber wo blieb der Körper?

Mein Gott ist groß.
Ich habe viel Freiheit.

Damals klagte ich meine Unzufriedenheit einem guten Freund. Klaus war Theologe wie ich und hatte mit *summa cum laude* über Thomas von Aquin promoviert. Ich jammerte, dass ich noch nicht die richtige ganzheitliche spirituelle Methode gefunden hatte. Keine, die mich rundum da abholte, wo ich war und dort hinbrachte, wo ich hinwollte. „Komm endlich zu unserem Yoga-Workshop, du alter Dickkopf!", schimpfte er mit mir. – „Yoga? Ich? So ein Quatsch! Niemals. Ich mache mich doch nicht lächerlich. Das ist doch nur was für Frauen und außerdem esoterische Spinnerei!"

Letztlich waren meine Neugier und meine Hoffnung stärker als meine Vorurteile; ich ließ mich breitschlagen. Und meine Welt wurde auf den Kopf gestellt: Ich erlebte für mich absolut Außergewöhnliches, spürte meinen Körper, wie ich ihn zuvor noch nie gespürt hatte, ganz in Balance, im Einklang mit Geist und Seele. Wir bewegten uns bei diesem Workshop auf eine Art und Weise, wie ich es noch nie getan hatte. Alles war harmonisch, achtsam, fließend. Wir lagen auf dem Rücken und entspannten uns, saßen und meditierten. Am Abend war ich voller Energie, fühlte tiefen Frieden und war rundum glücklich. Ich spürte die Verbindung mit Himmel und Erde. Es war genau das, was ich mir all die Jahre gewünscht hatte. Noch am selben Abend meldete ich mich für eine zweijährige Ausbildung zum Yogalehrer in Nord-Wales an.

Während dieser Ausbildung entdeckte ich den Glücks-Code der indischen Mystik und verwebte ihn immer mehr mit dem, was ich über die Schätze der christlichen Tradition(en) gelernt hatte. Dabei ist mir eines bewusst geworden: Der Königsweg heißt nicht „entweder – oder", sondern „sowohl als auch". Yoga, Zen oder auch Achtsamkeit sind kein Ersatz für die eigene Tradition. Sie sind die perfekten Werkzeuge, um die Schätze, auf denen wir bereits stehen, zu heben.

All diesen Weisheitstraditionen ist eines gemeinsam: Sie sprechen davon, dass die Seele ewig lebt und dass zwischen unserer Seele und Gott keine Trennung besteht. Wir sind eins. Nicht mal einen Augenblick in einem ganzen Leben sind wir von Gott getrennt. Wenn wir das nicht nur mit dem Verstand erfassen, sondern wirklich in uns *fühlen*, können wir von einer schier überwältigenden, glückseligen und dauerhaften Freude erfasst werden. Das ist ein Zustand der Gnade. Und auch, wenn Gnade ein Geschenk ist, können wir einiges dafür tun, um diesem göttlichen Geschenk den Weg zu ebnen …

Die meisten
Menschen
stolpern mehr
durchs Leben,
als dass sie laufen.

Der Geist und das Mädchen

Es war einmal ein Mädchen, das spielte im Sand der Wüste am Rande einer Oase. Beim Spiel stieß es auf eine alte Öllampe. Sie reinigte die Lampe vom Sand und rieb mit einem Zipfel ihres Kleides den Staub von ihr ab. Die Lampe fing an zu beben und zu zittern, und auf einmal stieg ein Geist aus ihr empor. Der Geist freute sich unbändig und war dankbar, denn er war schon viele Tausend Jahre in der Lampe gefangen gewesen. Er sprach zu dem Mädchen: „Weil du mich befreit hast, werde ich dir alle Wünsche erfüllen, die du hast!" Dem Mädchen pochte das Herz vor Aufregung. Der Geist fuhr fort: „Aber eines musst du wissen: Sobald du mir keine Wünsche mehr aufträgst, werde ich dich verschlingen."

Der Geist schwieg eine Weile. Das Mädchen überlegte, ob es den Geist zurück in die Lampe wünschen und diese wieder vergraben sollte. Doch die Verlockung war zu groß. „Du kannst mir wirklich alle Wünsche erfüllen?", fragte das Mädchen. – „Ja, das liegt in meiner Macht", antwortete der Geist.

Die Neugier besiegte schließlich die Angst des Mädchens. Sie wünschte sich zunächst ein warmes Essen. Der Geist brachte die leckersten Speisen herbei. Dann wünschte sie sich ein schönes Kleid. Auch dieser Wunsch wurde ihr sofort erfüllt. Schließlich wünschte sich das Mädchen ein eigenes Pferd, mit dem es durch die Wüste reiten konnte. Schon stand das stattlichste Ross vor ihr.

Das Mädchen genoss ihre Tage auf dem Pferd und erlebte viele Abenteuer mit ihm. Dann wünschte sie sich einen hübschen, einfühlsamen Mann, und sie liebten sich leidenschaftlich.

Nach und nach erfüllte der Geist dem Mädchen all ihre Wünsche. Eines Tages, die Sonne war gerade untergegangen und der kühle Wüstenwind strich über das prächtige Zelt, in dem das Mädchen mit ihrem Mann lebte, fiel dem Mädchen kein einziger Wunsch mehr ein. Sie hatte alles bekommen, was sie begehrte. Da blickte der Geist sie düster an. Aus seinem Blick sprachen Leere und Überdruss, und das Mädchen sah in den finsteren Abgrund des Verderbens. Alles Leben in ihr und um sie herum schien zu ersticken im Angesicht des satten Geistes. Sie fühlte, wie sie schwächer wurde, wie das Leben aus ihr gesogen wurde. Da blitzte ein Hoffnungsschimmer in ihr auf, ein Funke, der tief aus ihrer Seele aufblitzte. Sie sprach: „Geist! Ich wünsche mir von dir, dass du hier an diesem Mast, der unser Zelt trägt, so lange herauf- und herunterspazierst, bis ich dich wieder rufe!" – Das Mädchen hatte ihren Geist gezähmt und bediente sich seiner Kraft fortan mit großer Weisheit.

Erkennst du dich wieder in dieser Geschichte? Der Geist aus der Lampe ist derselbe Geist, den du und jeder andere in sich trägt. Unser Geist kann uns jeden Wunsch erfüllen und uns sehr glücklich machen. Er ist mächtig. Doch genau aus diesem Grund kann er uns auch in großes Unglück stürzen. Seine zahlreichen Schatten können sich wie Nebel über uns legen und unser Leben verdüstern.

Vielleicht kennst auch du Phasen, in denen sich dein Geist in Stress, Sorgen, Angst, Egoismus, Neid oder anderen Schatten zeigt. Und das ist nicht verwunderlich! Unser Geist ist ein großartiger Diener, der uns alle Wünsche erfüllen kann. Aber niemals dürfen wir ihm die alleinige Führung überlassen, denn er ist ein lausiger Boss. Viel zu oft trifft er Fehlentscheidungen oder macht uns nieder. Jeder von uns kennt die Momente, in denen unsere innere Stimme flüstert: „Du kannst das nicht, du bist viel zu schwach. Du bist nichts wert!“ Und plötzlich rechnen wir jederzeit mit etwas Schlechtem und vermuten überall Menschen, die unsere Feinde sind.

Der Geist hat die Macht, zu trennen und zu zersplittern. Zudem hängt er ständig in der Vergangenheit, trauert Dingen hinterher, verheddert sich in Grübeleien und malt gerne den Teufel an die Wand. Daher solltest du nicht ihm, sondern deiner Seele das Zepter in die Hand geben. Die Seele kann sich an die Quellen der Weisheit andocken; sie trifft wie von selbst gute Entscheidungen. Die Seele ruht ganz im Hier und Jetzt. Sie kann bedingungslos lieben – dich selbst und alle anderen. Sie schenkt dir pure, überschäumende Glückseligkeit. Das ist ihre Stärke. Die Seele hält sich jedoch eher zurück, anders als der Geist, der sich ständig in den Vordergrund spielt. Der Geist ist so gestrickt, dass er ständig ein Problem braucht, um das er kreisen kann. Das ist der Grund, warum wir vorzugsweise die schlechten Nachrichten anklicken, und zwar weit über das Maß hinaus, das wir bräuchten, um informiert zu bleiben. Oder dass wir so gern über andere lästern, Klatsch und Tratsch verfolgen oder uns in den Konsum stürzen.

Wenn der Geist einen klaren Auftrag bekommen hat, dann ist die Umsetzung seine Stärke. Die Stärke der Seele ist Klarheit und Entscheidungsfähigkeit, Liebe und Güte. Also, lass dein Leben von deiner Seele lenken! Wenn du deiner Seele die höchste Position gibst, sie zur Königin krönst und deinen Geist als Minister einsetzt, kann sich dein Potenzial voll entfalten und du kannst ein glückseliges Leben führen.

Das Wort Minister kommt vom lateinischen *ministrare* und heißt „dienen“. Minister schielen gerne auf den Posten desjenigen, der herrscht. Sobald die Seele ihre Rolle als Staatsoberhaupt nicht mehr erfüllt und der Geist die Führung übernimmt, zeigen sich seine Schattenseiten. Das, was er Gutes erschaffen hat, wird dann übertrieben und einseitig: Aus Wohlstand wird Gier, aus Genuss Völlerei, Erfolg wandelt sich zu Egoismus und Stärke in Härte. Deine Aufgabe ist es deshalb, immer wieder zu beobachten, wer entscheidet. Solange deine Seele die Entscheidungen trifft, ist alles in Ordnung. Sobald aber dein Geist dein Leben lenken will, wird es problematisch. Er greift dazu auf Strukturen zurück, die dem Leben heute nicht mehr dienlich sind. Wenn wir es nicht schaffen, unseren Geist zu lenken, fügen wir uns selbst den größten Schaden zu.

Die fünf Ebenen der Glückseligkeit

Tief in uns entspringt eine Quelle der Glückseligkeit, eine Quelle der Freude. Tief in unserem Zentrum sind Schönheit und Wahrheit, Licht und Liebe. Da ist keine Schuld, da ist keine Angst. Diese Quelle liegt jenseits unserer Emotionen und Gedanken. Wir alle haben diesen Ort in uns. Ich nenne ihn gern das „innere Festzelt", denn es ist ein Raum, in dem die Seele feiern kann. Der Eingang dorthin ist frei. Alles, was wir tun müssen, ist, an den Warnungen und Bedenken, den Ängsten und Sorgen des Geistes vorbeizugehen und einzutreten.

Ich kenne inzwischen eine ganze Reihe Menschen, die den Eingang zu ihrem inneren Festzelt entdeckt haben. In ihrer Gegenwart zu weilen, wenn sie dich mit leuchtenden Augen anschauen, ist allein schon ein Geschenk. Ihr Herz ist dann weit offen, und sie beschenken alle Menschen um sich herum mit einem sanften Strom aus reiner Liebe.

Wenn ich von der Suche nach diesem inneren Ort spreche, dann heißt das nicht, dass wir uns von der Welt abwenden sollen. Im Gegenteil: Die Freude und die Energie, die wir in uns finden, öffnen uns das Herz für den Alltag und die Menschen und Dinge um uns herum.

Die Wege in das innere Festzelt sind die mystischen Wege der Religionen: der Weg der Kontemplation, der Weg des

Gebets, der Weg der Präsenz, der Weg des Atems, der Weg der Natur, der Weg der Liebe und der Sexualität.

Vor einer Ewigkeit stieg ein Mann auf einen Hügel. Er blickte von dort auf einen schillernden See, dessen Fische den Menschen in dieser Gegend Nahrung waren. Die Gegend war fruchtbar, es wuchsen hier Weizen und Gerste, Erbsen und Linsen, Datteln, Weintrauben und Oliven. Dennoch litten viele Menschen. Viele waren Leibeigene, hatten kaum ein Einkommen und keinerlei Besitz.

Der Mann auf dem Hügel kannte das Leid der Menschen. Er war einer von ihnen, nicht weit von hier aufgewachsen. Von Beruf war er Zimmermann, aber sein Leben bestand darin, die Menschen zu lehren, wie sie Glückseligkeit, Liebe und das Leben in Fülle finden konnten. Seine Verheißungen lauteten:

> Glückselig ihr Armen, denn euch gehört das Reich Gottes.
>
> Glückselig, die ihr jetzt hungert, denn ihr werdet satt werden.
>
> Glückselig, die ihr jetzt weint, denn ihr werdet lachen.

Die Seligpreisungen von Jesus von Nazareth gehören zu den bekanntesten Texten der Weltliteratur. Dennoch wirkt ihre Aussage auf viele befremdlich. Losgelöst von dem Wissen um die Tatsache, dass wir geistige Wesen in einer materiellen Welt sind, erscheinen sie kryptisch. Und trotzdem ahnt jeder, der sie liest, dass eine tiefere Wahrheit in ihnen steckt. Sie sprechen eine Sehnsucht an, die jedem Menschen innewohnt, unsere urmenschlichen Bedürfnisse: Nahrung, Sicherheit, Wohlstand, Trost, Freude, Gerechtigkeit und Frieden. Doch wo soll als dies zu finden sein?

Um diese sehr komplexe Frage zu beantworten, greife ich auf das *Kosha*-Modell aus Indien zurück. Als ich es zum ersten Mal kennenlernte, hatte ich endlich den Eindruck, als ganzer Mensch wahrgenommen zu werden – nicht nur mit einem Körper und einem Geist, sondern dazu auch mit Gefühlen, mit Energie, Intelligenz und einer Seele.

Das Kosha-Modell

Das *Kosha*-Modell benennt fünf Ebenen des Menschseins. *Kosha* bedeutet übersetzt so viel wie „Schichten". Diese Schichten wurden traditionell als Hüllen eines Körpers gedacht, die sich umeinander legen. Um die Wirkweise der einzelnen Hüllen, Ebenen oder Schichten darzustellen, habe ich das Bild einer Pyramide gewählt, deren Spitze die Nähe der Seele zum Himmel repräsentiert. Die Schichten oder Ebenen liegen also nicht mehr umeinander, sondern bauen aufeinander auf. Interessant ist dabei die Sichtweise, dass die Pyramide nicht auf einer breiten Basis aufbaut, sondern sich umgekehrt wie ein Lichtkegel von oben nach unten verbreitert. Ganz oben, an der Spitze, sitzt die Quelle, der Ursprung für ein glückseliges Sein. Aus der Glückseligkeit heraus erwächst alles andere, speisen sich alle weiteren Ebenen.

Die fünf Schichten, die jeden Menschen ausmachen, sind die spirituelle, die mentale, die emotionale, die energetische und die körperliche Schicht. Alle fünf Schichten durchdringen sich gegenseitig.

Im Westen tendieren wir dazu, die Spiritualität auszuklammern und uns mehr auf das Materielle zu konzentrieren. Andererseits kennen wir auch religiöse Strömungen, die den Körper und seine Bedürfnisse geringachten. Beides wird uns

Menschen in keiner Weise gerecht. Das *Kosha*-Modell vereint alle Bereiche in sich und macht es möglich, den Menschen in allen Facetten seines Seins zu begreifen.

Spirituelle Ebene (1)
Spiritualität, Seele, Einheit mit Gott, Schicksal

Mentale Ebene (2)
Berufung, Lebensglück, Gedankenkraft, Denk- & Verhaltensmuster, Wissen, Intuition, Intellekt, Geist, Persönlichkeit, Werte

Emotionale Ebene (3)
Glücksgefühle, Liebe, Seligkeit, Lebenslust, Gelassenheit, emotionale Reife, Angst, Trauer, Wut

Energetische Ebene (4)
Vitalität, Power, Energiehaushalt, Natur, Licht, Atem, Regenerationskraft, Ausdauer, Berufung

Körperliche Ebene (5)
Physischer Körper, Gesundheit, Bewegung, Körperwahrnehmung, Muskeln, Organe, Hormone, Nervensystem, Selbstheilungskräfte, Nahrung

Die 5 Ebenen des Seins

1.) **Spirituelle Ebene**: Hier ist unsere Seele zu Hause, hier fühlen wir absolute Glückseligkeit.

2.) **Mentale Ebene**: Ebene der tiefen Weisheit (Sophia). Fähigkeit, gute Entscheidungen zu treffen und Umstände durch Visualisierung zu kreieren.

3.) **Emotionale Ebene**: Ebene, die mit den fünf Sinnen verknüpft ist. Ebenso Fühlen, Denken.
4.) **Energetische Ebene**: Ebene der vitalen Energie, alle Kreisläufe im Körper: Herz-Lunge, Blutkreislauf, Lymphkreislauf, Energiehaushalt, Ausdauer.
5.) **Körperliche Ebene**: Körper, Nahrung, Verdauung, Bewegung.

Das Modell bietet auch den rationaleren Typen, den Kopfmenschen unter uns einen guten Ansatz, sich über die Bedeutung unseres Körpers und unserer Emotionen klar zu werden und zu verstehen, wie wichtig es ist, sich auch mit diesen bewusst auseinanderzusetzen, um Einfluss nehmen zu können. Den sehr emotionalen Typen kann das Modell verdeutlichen, dass unsere Gefühle, wie stark sie auch sein mögen, ebenfalls nicht für sich allein stehen, sondern dass wir fähig sind, sie mittels unseres Geistes oder unseres Atems zu steuern und in gesunde Bahnen zu lenken.

Um die Aufgaben der einzelnen Schichten klarer voneinander zu unterscheiden, hilft es, das *Kosha*-Modell auf ein Unternehmen zu übertragen. An der Spitze, also auf der spirituellen Ebene, wäre der Vorstand oder die Geschäftsführung angesiedelt. Die Ebene darunter, der Geist, ist das Top-Management. Das mittlere Management wird repräsentiert durch die Emotionen, es folgen die Teamleiter (stellvertretend für die Energie) und zum Schluss kommt der Arbeiter, unser Körper. Die Geschäftsführung gibt die Richtung bzw. das Ziel vor. Das obere Management steht für unseren Geist: Hier werden die Entscheidungen getroffen, was als Nächstes zu tun ist. Der Geist setzt um, was die Seele sich wünscht. Er ordnet die nächsten Schritte an, die dann auf der Ebene des mittleren Managements, unseren Emotionen, strukturiert werden und unsere Energien aufteilt. Unsere Energie überträgt sich dann auf den Körper.

Wenn die Vorstandsvorsitzende – die Seele – ihre Leitungsfunktion wahrnimmt und dem Top-Management (also dem Geist) eine klare Anweisung gibt, welche konkreten Ziele und Gefühle angesteuert werden sollen, und wenn dieser sein mittleres Management im Griff hat und alle Gedanken und Gefühle auf ein Ziel hin vereint, dann herrschen innerer Frieden und Wohlgefühl bis hin zu Glückseligkeit. Vor allem verpufft dann die ganze Energie nicht, sondern sorgt mit vereinten Kräften dafür, dass die Lebens-, Jahres- und Tagesziele erreicht werden.

Die spirituelle Ebene (1)

Alle großen Weisheitstraditionen setzen bei der Frage nach einem gelungenen Leben bei der Seelenführung an. Das ist im Christentum nicht anders als im Judentum, im Islam, im Buddhismus oder im Hinduismus. Alle gehen davon aus, dass die Seele auf der metaphysischen Ebene beheimatet ist. Der Westen mit seiner Flut an Ratgeberliteratur klammert diesen Teil des Menschseins leider in weiten Teilen aus. Denn auch wenn die Psychologie scheinbar eine wunderbare Brücke zwischen Seelsorge und praktischer Lebenshilfe bieten kann, beschränkt sich der zeitgenössische Mainstream auf das, was naturwissenschaftlich mit den aktuellen Messverfahren schon prüfbar ist.

Beachtenswert finde ich die modernen Ansätze der Jesuiten. Diese haben schon vor Jahren ihr aus dem 16. Jahrhundert stammendes Modell der Seelenführung, die geistigen Exerzitien des Ignatius von Loyola, mithilfe der Methoden der Psychologie weiterentwickelt und in jüngster Zeit auch die Ansätze aus Yoga und Zen zur Weiterführung ihrer eigenen Methoden eingeflochten.

Ich schätze die empirische Psychologie als Wissenschaft sehr. Sie hilft uns auf jeden Fall, geistig gesund zu werden und ein besseres, bewussteres Leben zu führen. Im *Kosha*-Modell liegt der ganze Bereich von psychologischen Denkmustern nicht auf der spirituellen, sondern auf der mentalen und emotionalen Ebene. Wenn wir von der Ebene der Seele sprechen, dann betreten wir den Bereich der Mystik. Das Christentum hat genau wie der Hinduismus einen breiten Strom an mystischen Traditionen – also Seelenführung auf höchster Ebene. Wie oben erwähnt habe ich das Glück, Menschen zu kennen, mit denen ich über so etwas reden kann. Menschen, die dieselben Erfahrungen bezeugen wie die Mystiker.

Von Juliana von Norwich stammt das Zitat: *„Between God and the soul there is no between.“*[3] Die Mystikerin lebte von 1342 bis 1413 im englischen Norwich. Sie beschreibt ihre Erfahrungen in ihrem Buch *Die Offenbarungen der göttlichen Liebe.* Übersetzt bedeutet das Zitat so viel wie: „Zwischen Gott und der Seele gibt es kein ‚Dazwischen‘.“ Auch wenn wir nur eine leise Ahnung davon haben, was die Mystikerin mit diesem Satz gemeint hat: Wenn wir uns in diesem Leben auf eine bestimmte Art und Weise aufgehoben fühlen, wenn wir glauben, dass es einen Gott gibt, wenn wir glauben, dass wir eine unsterbliche Seele haben, dann erfahren wir zutiefst Sinn und Freude.

Between God and the soul there is no between.

Vielleicht löst der Begriff Gott aus persönlichen Gründen bei dir Unbehagen aus oder stößt auf Ablehnung. Falls das so ist, ersetze ihn bitte einfach durch etwas, dem du offen gegenüber bist – zum Beispiel durch „Universum“, „kreative Intelligenz“, „Krishna“, „Gütige“, „großer Geist“, „Ewige“. Es spielt keine Rolle. Bei diesem Wort hat Sprache einfach seine Grenzen.

Ich selbst fühle mich von Gott getragen und geliebt. Ich fühle mich verbunden mit den Menschen um mich herum, mit dem Wald, an dessen Rand wir wohnen, mit der Stadt, auf die ich von unserem Balkon herunterblicke, und auch mit den Eichhörnchen, die durch die Bäume tollen, die um unser Haus stehen. Wenn ich all das beobachte, ist meine Seele zutiefst berührt. Ich staune über die Schönheit und die Intelligenz der Natur. Ich begrüße die Sonne, wenn sie aufgeht. Ich nehme es nicht als selbstverständlich hin, dass sich meine Seele in einen Körper auf dieser Erde inkarnieren konnte. Ich bin dankbar dafür – für jeden Tag und für jede Erfahrung.

Die mentale Ebene (2)

Die nächste Ebene bilden der Geist, das Mindset, unsere Denkstrukturen und unser Intellekt. Aber auch unsere Fähigkeit, durch feste Überzeugungen Ziele zu erreichen. Das, was wir glauben, gehört auch hierhin. Das sind sowohl unsere kulturellen und religiösen Geschichten und Riten als auch unsere persönlichen Glaubenssätze.

Die Spiritualität und die Mystik befinden sich eine Etage darüber, wie wir gerade gesehen haben. Der biblische Satz: „Wenn euer Glaube nur so groß wäre wie ein Senfkorn, könnt ihr zu diesem Berg sagen: ‚Rücke von hier nach dort!', und es wird geschehen. Nichts wird euch unmöglich sein"[4], entfaltet seine Kraft genau hier, auf der mentalen Ebene. Frauen und Männer, die wirklich an etwas glauben, erreichen es. Das können Ingenieure sein, die ein Bauwerk errichten, Gastgeber, die einen perfekten Abend planen und durchführen, oder Menschenrechtler, die die Geschichte verändert haben. Auch Sportler nutzen die mentale Ebene, wenn sie sich auf einen Wettkampf vorbereiten. Aber auch jeder andere Mensch kann sich seinen Geist nutzbar machen, egal für welches Ziel – sei es im Job, in der Beziehung oder für die Gesundheit. Ich arbeite seit über zwanzig Jahren als Mentaltrainer. Ich habe nicht nur selbst wunderbare Dinge erlebt, sondern durfte auch meine Schüler so weit ausbilden, dass sie in die Lage versetzt wurden, Dinge allein mit der Kraft der Gedanken in ihr Leben zu ziehen. Dabei ist mir aufgefallen, dass die mentale Ebene ebenso wie die spirituelle Ebene von den meisten Menschen gar nicht bewusst genutzt wird. Was für ein Verlust! So vieles ist möglich, wenn wir uns die Kraft des Geistes und der Seele zunutze machen!

Mark beispielsweise kam als junger Ingenieur zu mir ins Coaching. Er lebte in Düsseldorf und arbeitete im Unternehmen seines Vaters. Das Verhältnis zwischen den beiden war schwierig, und Mark wusste weder beruflich noch mit Blick auf seine Beziehung weiter. Er war nicht glücklich mit seinem Leben und wollte einfach nur weg von seinem Wohnort. Wir entwickelten zusammen drei Visionen: die ideale Beziehung, den idealen Job und den idealen Wohnort. Es dauerte lediglich ein paar Monate, bis sich alle drei Visionen erfüllten: Er bekam einen klasse Job in München, der genau seinen Wünschen entsprach. Zudem verdiente er locker ein Dreifaches des üblichen Akademikergehalts. Seine Beziehung entwickelte sich zum Guten und er und seine Partnerin Christine heirateten bald darauf. Zusammen bauten sie ein nachhaltiges Holzhaus direkt an einem der Voralpenseen. Ich bin selbst immer wieder überrascht, wenn diese Form des Visualisierens auch bei anderen Menschen funktioniert, wenn ich Glück und Glückseligkeit weitergeben kann. Am Anfang steht immer eine klare Vision. Dann heißt es vertrauen, loslassen und losgehen – und schließlich empfangen und dankbar sein!

Die mentale Ebene ist nicht mit dem Gedanken- und Gefühlskarussell zu verwechseln, das sich ständig im Kopf wie von selbst dreht. Hier laufen die Alltagssorgen in Dauerschleife. Das ist die emotionale Ebene (3). Auf der mentalen Ebene (2) treffen wir bewusst Entscheidungen. Hier ist unsere Intuition angesiedelt, die uns jenseits von Faktenwissen fühlen lässt, was wirklich los ist. Mentale Stärke, also der Glaube, dass innere Bilder äußere Realität werden können, hat hier ebenfalls sein Zuhause. Der Satz aus dem Markusevangelium: „Alles, worum ihr betet und bittet – glaubt nur, dass ihr es schon erhalten habt, dann wird es euch zuteil“[5], beschreibt genau das, was beim Visualisieren passiert. Der Vers hat sich tief in mein Bewusstsein eingegraben. Aber bevor ich mit meiner Ausbildung zum Mentaltrainer begann, zweifelte ich daran, dass er tatsächlich praktisch gemeint ist und keine Metapher, kein Gleichnis oder mystische Wort. Das wäre zu schön, um wahr zu sein: so überzeugt für etwas zu danken, als sei es schon geschehen, und es tritt ein. Mittlerweile bin ich an dem Punkt, wo dieses Wissen ein Teil meines Lebens geworden ist.

„Alles, worum ihr betet und bittet – glaubt nur, dass ihr es schon erhalten habt, dann wird es euch zuteil.“

Die emotionale Ebene (3)

Menschliche Gefühle reichen von Lebensfreude, Begeisterung und Liebe bis zu Wut, Angst und Trauer. Diese Gefühle verbinden sich mit Erinnerungen und Gedanken. Das heißt, dass bei einer Erinnerung Emotionen in uns wachgerufen werden, die unseren gegenwärtigen Zustand beeinflussen. Wenn wir also nicht lernen, unsere Gedanken zu kontrollieren, rütteln diese ständig an unserem Gefühlszustand und können unseren Alltag ziemlich durcheinanderbringen. Ich bin sicher, du kennst folgende Situation: Du steigst morgens unter die Dusche, du spürst das warme Wasser auf der Haut und könntest eigentlich den Moment wunderbar genießen. Die Brause prickelt auf deinem Kopf, die Wasserstrahlen massieren deinen Rücken und deinen ganzen Körper. Ein herrlicher Start in den Tag! Doch wie oft nehmen wir in unseren Gedanken genau die Person mit unter die Dusche, die wir am wenigsten mögen? Die Person, mit der wir gestern noch einen unerquicklichen E-Mail-Schlagabtausch hatten. In Gedanken malen wir uns aus, was wir noch hätten schreiben sollen, welche Formulierung besser gewesen wäre. Das Ergebnis? Wir sind angespannt und alles andere als gut drauf. Die äußere Realität ist eine schöne warme Dusche, aber das Erleben auf der emotionalen Ebene ist von negativen Gefühlen und Gedankenschleifen getrübt.

Wissenschaftliche Studien belegen, dass wir Menschen pro Tag 60.000 einzelne Gedanken haben (plus die damit verbundenen Gefühle). Fast immer sind diese dabei eine Reaktion darauf, was um uns herum geschieht – was in der Familie, bei der Arbeit, in den Nachrichten, auf der Straße, kurz: was von außen gerade auf uns eindringt. Dieses Knäuel von Gedanken und Gefühlen ist unser ständiger Begleiter. Ein Gedanke ruft eine Emotion hervor, die Emotion hat Einfluss auf unseren aktuellen Zustand und wie wir auf unser Umfeld wirken. Wenn wir wütend oder verärgert auf unsere Mitmenschen wirken, überträgt sich dieses Gefühl auf unser Gegenüber und uns wird Ärger gespiegelt, der wiederum Grübeleien in uns weckt, was wir denn dem Menschen da vor uns getan haben – ein echter Teufelskreis. Hinzu kommt, dass wir emotional bewegende Ereignisse noch stunden- oder tagelang weiter im Kopf hin und her wälzen. Das führt zu zusätzlichem Stress, Sorgen und Schlafproblemen. Wir können aber auch einen anderen Umgang mit unseren Gefühlen pflegen. Wenn wir achtsam mit unseren Gefühlen sind, sie gegenüber aufmerksamen Freunden möglichst genau artikulieren, wenn wir unseren Fokus bewusst auf Gefühle wie Liebe, Dankbarkeit oder gar Glückseligkeit ausrichten, dann können wir aus dem Karussell aussteigen.

Gefühle kann man durch einfache Übungen lenken. Ob du dich glücklich oder unglücklich fühlst, ist deine Entscheidung. Wenn wir unseren Fokus weg von Sorgen und Angst auf das lenken, was und wen wir lieben, kommen wir dem Glück und der Seligkeit stetig näher. Denn durch die immer wieder aktivierten Bereiche unseres Gehirns bilden sich auf Dauer neuronale Verknüpfungen – Gedankenautobahnen, auf denen unsere inneren Bilder wie von selbst auf ein positives Ziel zusteuern.

Ob du dich glücklich oder unglücklich fühlst, ist deine Entscheidung.

Noch bis vor wenigen Jahrzehnten ging man davon aus, dass die neuronalen Strukturen im Gehirn statisch sind. Die neueren Forschungen in der Neuroanatomie und der Neurologie haben aber gezeigt, dass das Gehirn durch Lernprozesse sogar sehr deutlich verändert werden kann. Wissenschaftler beschreiben diese Fähigkeit als *neuronale Plastizität.* Neuronale Strukturen lassen sich umbauen, je nachdem, wie wir unser Gehirn nutzen. Die neuronale Plastizität kann einzelne Nervenzellen oder ganze Hirnareale betreffen. Sie dient dazu, die Funktionen des Nervensystems zu erhalten, anzupassen und sogar zu erweitern.

Die energetische Ebene (4)

Nach Seele, Geist und Gefühlen kommt im *Kosha*-Modell die Ebene der Lebensenergie. Jeder hat Lebensenergie – manchmal mehr, manchmal weniger. Die Ebene der Lebensenergie ist wichtig, um unsere Pläne in die Tat umzusetzen. Erst einmal geht es um das pure Lebendig-Sein an sich; ganz ohne Energie sind wir tot. Alles, was wir tun, was wir fühlen, auch und vor allem das Denken, braucht Energie, jeder Herzschlag, jede Taste, die wir am Laptop anschlagen, jeder Schritt, den wir gehen. Wenn wir uns auf ein Ziel fokussieren, brauchen wir Durchsetzungskraft, um es auch zu erreichen. Und nicht zuletzt hängt auch unsere Gesundheit, die Vitalität, und hängen die Selbstheilungskräfte unseres Körpers von unserem Energie-Niveau ab. Aber wie können wir unser Energie-Niveau erhöhen? Wie kommt die Energie in uns rein? Die gute Nachricht ist: Energie kann von überall her in uns reinkommen. Die schlechte: Wir tun leider viel dafür, sie draußen zu halten …

Im *Kosha*-Modell wird die Ebene der Energie aus dem Atem gespeist, denn in ihm wohnt das Leben. Im Yoga nennt man diese Energie *Prana*, in China *Qi*. Natürlich bekommen wir Energie theoretisch auch aus der Nahrung, aber streng genommen sind wir hier auf der körperlichen Ebene. Nahrung muss vom Körper erst in seine Bestandteile zerlegt werden, um uns Energie zu liefern, und dieser Prozess wiederum kostet Energie. Wenn wir gesunde, frische und unverarbeitete Nahrung in der passenden Menge und zur richtigen Zeit zu uns nehmen, bekommen wir viel Energie. Wenn wir verarbeitete Lebensmittel, schlechte Fette, Süßes in zu großen Mengen ohne Pause einnehmen, kostet uns das – abgesehen von einem kurzen Lustgewinn – sehr viel Lebensenergie.

Wirklich unterschätzt wird das Thema Sauerstoff. Wenn wir tief und ruhig atmen, bis in den Bauch hinein, wenn wir uns täglich mindestens eine Stunde an der frischen Luft aufhalten, regelmäßig die Fenster zum Lüften öffnen, bauen wir ein hohes Energie-Niveau auf. Leider spielt sich der Alltag der meisten von uns im Grunde mehr oder weniger in geschlossenen Räumen ab. Bei der Arbeit sitzen viele von uns im Büro, danach im Auto oder in der Bahn, dann zu Hause auf dem Sofa. Sogar Sport treibt die Mehrheit in einem Studio, anstatt an die Luft zu gehen – und beraubt sich damit einer so kostbaren (und obendrein kosten-*losen*!) Ressource.

Es gibt noch einen weiteren Weg, über den wir Energie auftanken können: Wenn wir uns in der freien Natur, im Wald, am Fluss, den Bergen oder am Meer aufhalten, nehmen wir Energie auf. Die wenigsten Menschen haben eine Vorstellung davon, wie energetisierend, heilend und entspannend die Natur ist. Aber erinnere dich einmal an den letzten Tag, den du draußen verbracht hast, vielleicht im Urlaub: Trotz sportlicher Betätigungen wie Wandern, Schwimmen oder Skifahren haben wir nach einem Tag draußen so viel mehr Kraft und Freude in uns! Es ist ein gewaltiger Unterschied, ob ich drei Stunden in der Halle trainiere oder dieselben Bewegungen draußen in der Natur mache.

Vor einigen Jahren führte ich eine Gruppe junger Erwachsener ins Tessin zu einem einwöchigen spirituellen Training. Wir lernten klettern, ich unterrichtete Meditation, und abends sprachen wir über Gott und das Leben. Als wir am ersten Tag zu unserem Kletterlehrer kamen, eröffnete er uns Folgendes: „Wenn ihr hier am Felsen in den Berg klettert, ist das etwas ganz anderes, als wenn ihr in der Kletterhalle seid. Das Training in der Kletterhalle kostet Kraft. Die Verschmelzung mit dem Fels, das Fühlen der Oberflächenstruktur und der Lebenskraft, die aus der Tiefe des Felsens und der Natur kommt, lädt euch auf. Ihr werdet sehen: Heute Abend seid ihr trotz körperlicher Anstrengung total lebendig."

Ich verstand genau, was er meinte. Während meiner Ausbildung in Wales zum Yoga- und später auch zum Meditationslehrer übten wir diesen Kontakt zur Natur immer wieder. Wir unternahmen Wanderungen und Spaziergänge in verschiedene

Winkel des *Snowdon National Parks.* In der Regel starteten wir unsere Wanderungen an einem wild plätschernden Flüsschen. Wir stellten uns auf eine uralte steinerne walisische Brücke, die darüber führte, und blickten in die Richtung, in der das Wasser von uns wegfloss. Der Gedanke dahinter: Bäche und Flüsse haben die Eigenschaft zu reinigen. Sie nehmen im übertragenen Sinne unseren emotionalen und mentalen Müll mit, spülen ihn weg. Wir standen dort jeweils etwa fünf Minuten mit offenen Händen. Ich fühlte mich danach immer ein ganzes Stück klarer, ruhiger und freier. Für die nächste Übung drehten wir uns in die andere Richtung. Nun floss das Wasser auf uns zu. Wieder öffneten wir die Arme, blickten von der Brücke hinunter auf das plätschernde, wild fließende Flüsschen. Wir sollten uns vorstellen, wie das Leben alles, was wir brauchen, einfach zu uns spült. Es war eine Übung in Vertrauen, und die Wirkung ging über die rein mentale und emotionale Ebene hinaus. Der Bach, die Bäume, die frische kühle Luft in diesem einsamen Tal, all das schien uns wie zu elektrisieren. Ich fühlte mich nach diesen Übungen und dem Spaziergang immer so, als ob meine inneren Akkus sich wieder aufgeladen hätten. Wut, Trauer und Ärger konnten sich beruhigen.

Es sind nicht einzelne Faktoren, sondern es ist die Fülle, die die Natur uns schenkt, die uns so guttut – und die wir leider so oft nicht annehmen. Dabei brauchen wir nur das Foto von einem Wald, einem Bach, einem Berg oder einem Strand anzuschauen und wir entspannen uns. Wie viel mehr kann geschehen, wenn wir bewusst die Geschenke der Farben, Gerüche, Formen, Geräusche und der verschiedenen Energien in uns aufnehmen!

Die körperliche Ebene (5)

„Endlich kommen die harten Fakten!", mag manch einer denken. Unseren Körper können wir schließlich am leichtesten wahrnehmen. Alle unsere Sinne arbeiten auf dieser Ebene: Sehen, Hören, Tasten, Schmecken, Riechen. Auch ob wir gesund oder krank sind, zeigt sich meist als Erstes auf der körperlichen Ebene.

Die Biologie schaut ganz genau hin, was in unserem Körper vor sich geht. Unser Alter, unser Geschlecht, unsere Fitness – all das spiegelt unser Körper wider. Hormone sorgen auf körperlicher Ebene dafür, ob wir uns gut fühlen (Dopamin) oder ob wir Stress empfinden (Adrenalin). Kaffee macht uns wach, Bier selig und Medikamente helfen uns bei zahlreichen Krankheiten. Je nachdem, wie gesund wir uns ernähren, ist unser Organismus fit, leistungsfähig und resistent. Auf körperlicher Ebene gilt: „Der Mensch ist, was er isst." Und zudem können wir hier eine ganze Menge tun, um gesund und glücklich zu werden oder zu bleiben: Sport treiben, wandern, gesunde Ernährung, Massagen, Yoga und Sex. Unser Körper ist wie ein exklusiver Sportwagen: Er ist für Höchstleistung gebaut. Wir müssen ihn nur regelmäßig in die Wartung bringen und mit hochwertigem Kraftstoff füllen, damit wir über die Jahre hinweg an ihm Freude haben. Gesunde Ernährung, gesunde Verhaltensweisen – all das spiegelt sich in unserem Körper wider.

Und noch ein Aspekt ist bemerkenswert. Da wir eine Wissensgesellschaft sind, fördern wir in der Bildung und den Medien hauptsächlich unseren Geist – was dazu führt, dass viele von uns zu reinen Kopfmenschen geworden sind, die erst langsam wieder lernen, ihren Körper wahrzunehmen. Dabei hat unser Körper seine eigene Intelligenz, die Gott sei Dank mittlerweile von einigen wiederentdeckt wird. Und er hat auch seinen eigenen Zugang zur Glückseligkeit. Dennoch heißt es bei den meisten von uns: Selbst, wenn wir Sport treiben, soll der Körper unseren Kopf-Zielen gehorchen. Wenn er nicht die Leistung bringt, die wir erwarten, wird er umso mehr getriezt. Es würde uns sehr guttun, viel öfter auf unseren Körper zu hören, statt ihn zu übertönen.

Ich kann mich noch gut an das erste Date mit meiner Lebensgefährtin erinnern. Nach Kaffee und Bier waren wir in ihrer Wohnung auf dem Sofa gelandet. Ich erzählte und erzählte, hörte ihr zu und erzählte weiter. Bis sie mich schließlich unterbrach: „Psst, sei bitte still. Ich würde dich so gern spüren. Das kann ich aber nicht, wenn du die ganze Zeit redest." … Pure Glückseligkeit.

Von oben nach unten

Wenn ich mit der Seele verbunden bin (1), dann wird mein Geist klar (2), meine Emotionen sind reif, friedlich und voller Liebe für das Leben (3). Das wirkt sich positiv auf meinen Energiehaushalt aus (4), der Voraussetzung für einen gesunden Körper ist (5). Unsere Selbstheilungskräfte können wirken. Das ist der Weg von oben nach unten in der Pyramide der Glückseligkeit.

Natürlich gibt es auch den anderen Weg von unten nach oben. Ein gesunder Körper bewirkt auch auf emotionaler und energetischer Ebene Positives. Und was wir essen und trinken, beeinflusst nicht nur unsere Gesundheit, sondern hat Einfluss auf unsere Denkmuster.

Die fünf Stufen der Pyramide der Glückseligkeit bauen alle aufeinander auf und sind miteinander verbunden. Den Weg von oben nach unten, wie er hier beschrieben ist, kann man auch als „Weg der Seele" ansehen, wenn sie sich auf der Erde in einen Körper inkarniert.

Inkarnation kommt aus dem Lateinischen und bedeutet „Fleischwerdung". Die Seele kommt aus dem Himmel, dem Universum, vom Göttlichen hinunter auf die Erde und manifestiert sich in einem Körper. Der göttliche Funke wohnt in jedem von uns. Ich überlasse es deiner Intuition, ob du die Kapitel 1 bis 5 nun von vorne nach hinten liest oder von hinten nach vorne. Je nachdem, ob du lieber dem Weg der Seele folgst, der sich Schicht für Schicht inkarniert, oder ob du bei deinem Körper anfängst, weil er für dich greifbarer ist, und von dort Stufe für Stufe aufsteigst.

Für den, der auf
sein Herz hört,
entrollt sich das Leben
wie ein roter Teppich.

Spirituelle Ebene (1)

Spiritualität, Seele, Einheit mit Gott, Schicksal

Mentale Ebene (2)

Berufung, Lebensglück, Gedankenkraft, Denk- & Verhaltensmuster, Wissen, Intuition, Intellekt, Geist, Persönlichkeit, Werte

Emotionale Ebene (3)

Glücksgefühle, Liebe, Seligkeit, Lebenslust, Gelassenheit, emotionale Reife, Angst, Trauer, Wut

Energetische Ebene (4)

Vitalität, Power, Energiehaushalt, Natur, Licht, Atem, Regenerationskraft, Ausdauer, Berufung

Körperliche Ebene (5)

Physischer Körper, Gesundheit, Bewegung, Körperwahrnehmung, Muskeln, Organe, Hormone, Nervensystem, Selbstheilungskräfte, Nahrung

1. DIE SPIRITUELLE EBENE DER GLÜCKSELIGKEIT

Vor Wonne überschäumen

Die spanische Mystikerin Teresa von Ávila hat folgende Zeilen in ihr Notizbuch geschrieben: *„Nada te falta, solo díos basta.*"[6] Auf Deutsch: „Wer Gott hat, dem fehlt nichts. Gott allein genügt." Das „solo" steht in diesem Satz als Adverb, es ist also die Voraussetzung, die Bedingung: nur Gott allein, nichts anderes. Hätte jemand alles, was das Leben bieten kann, aber nicht die Gemeinschaft mit Gott – es wäre alles flach, leer, wie ein Nichts. Man könnte es auch so formulieren, dass nur Gott selbst dem Menschen wirklich entspricht. Lediglich im Spiegel seiner Größe und Tiefe erfahren wir Glückseligkeit, Sinn und Erfüllung. Erst, wenn wir unseren Geist überschreiten und bei unserer Seele ankommen, spüren wir dieses tiefe Glück und diese tiefe Freude.

Viele von uns sind auf irgendeine Weise von dieser tiefen Freude und von dieser wahren Liebe getrennt. Wir fühlen uns nicht wohl in unserer Haut, nicht wirklich geliebt, voller Unzulänglichkeiten. Immer gibt es etwas zu kritisieren. Wir folgen einem endlosen Zug an Gedanken, verlieren uns in Grübeleien, hadern mit uns selbst und unserem Leben. Dabei könnte alles so einfach sein! Wenn wir es schaffen könnten, diesen Zug anzuhalten, unseren Geist zum Schweigen zu bringen, könnte uns nichts davon abhalten, die Ebene der Glückseligkeit zu betreten. Leider sieht unsere Lebenswirklichkeit in der Regel anders aus. Viel zu oft haben wir das Gefühl, es nicht zu schaffen – oder dass das, wonach wir uns sehnen, jenseits von allem liegt, was das normale Bewusstsein erreichen kann. Durch den Status quo sehen wir uns in dieser Annahme immer wieder bestätigt: Wir selbst und die meisten Menschen um uns herum bleiben im Hinblick auf Glück und Zufriedenheit weit unter ihren Möglichkeiten. Und dennoch wage ich zu behaupten, dass jeder von uns schon einmal einen Augenblick der Glückseligkeit erlebt hat: einen kurzen Rausch, der unser Herz vollkommen erfüllt hat. Für einen Wimpernschlag haben wir das Reich der Seele betreten.

Die Auslöser sind vielfältig. Im Grunde hat jedes Ereignis das Potenzial, uns in unser inneres Festzelt zu führen. Meist sind es Momente, in denen wir sehr ausgeglichen sind, in Frieden mit uns selbst und unserer Umwelt. Vielleicht im Urlaub, nach einem Erfolgserlebnis, in einem Augenblick körperlicher Nähe und Geborgenheit oder auch nach einer großen Anstrengung. In solchen Momenten ist der Geist ganz still. Das erlaubt es den Strahlen unserer Seele, aus unserem tiefsten Inneren an die Oberfläche zu kommen – also dorthin, wohin sie es im Alltag sonst nicht schaffen.

Der Grund ist, dass uns unser Geist im Wege steht. Der Geist, der ständig um das Ego und dessen Wünsche kreist. Er gefällt sich selbst, findet sich mitunter nahezu brillant und will ständig Aufmerksamkeit. Außerdem hört er sich gerne selbst reden. Aber ich will nicht ungerecht dem Geist gegenüber sein. Schließlich hat er auch einen enorm wichtigen Job: Probleme lösen, neue Ideen entwickeln, geniale Lösungen finden. Er hilft uns recht zuverlässig aus der Patsche. Hinterher rühmt er sich, wie großartig er das gemacht hat. Auch das ist nachvollziehbar und bis zu einem gewissen Grad gesund. Wirklich ungesund hingegen ist seine ständige Nörgelei. Immer wieder kritisiert er, schürt Ängste, malt den Teufel an die Wand. Außerdem jagt er gerade bei kreativen Menschen nur zu gern allem hinterher, was da an Ideen vor seiner Nase glitzert und glänzt.

Der Geist hat großartige Stärken, aber eben auch seine ganz eigenen Schwachstellen, die wir nicht unterschätzen dürfen. Weil er ständig quasselt, kommt die Seele bis auf wenige Glücksmomente kaum zu Wort. Und genau darum geht es.

Dein Geist mag dir zu kurzzeitigem Glück verhelfen, aber für Glückseligkeit ist er nicht gemacht. Nur, wer es schafft, durch den Geist hindurch zur Spitze der Pyramide der Glückseligkeit vorzudringen, hat die Stufe kurz vor einem *Samadi* Erlebnis erreicht.

In Indien wird diese Stufe als *Anandamaya Kosha* bezeichnet: Die Wahrnehmung steigt auf die Ebene der Seele auf. Um es in unseren christlich geprägten Rahmen zu übertragen: Sie betritt das Reich der Engel. Die Berichte aus der Bibel decken sich hier mit dem, was Mystiker und Gelehrte aus anderen Religionen beschreiben: Man steht auf dieser Stufe den Engeln, den *Devas* gegenüber. Als Devas werden im Hinduismus Geistwesen bezeichnet, die unseren Engeln oder auch den griechischen oder germanischen Göttern ähnlich sind. Interessant finde ich, dass alle diese Götter bzw. *Devas* Eigenschaften oder Merkmale besitzen, die jeder Mensch in sich trägt – mit dem Unterschied, dass jene die Eigenschaften in voller Blüte tragen, wir hingegen meist nur die Knospen. Da wir Menschen in Bildern denken, sind diese *Devas* perfekte Visionen, die uns unterstützen, unser eigenes Potenzial zu entfalten.

Aber zurück zu den Berichten über Gotteserfahrungen. Das, was wir zum Beispiel über Jakob im Buch Genesis lesen, ist keine fromme Geschichte für gutgläubige Geister. Jakob sah in einer Traumvision eine Leiter, die bis in den Himmel reichte, und auf ihr stiegen Engel auf und ab. Der ganze christliche Kosmos aus Engeln und Himmel ist das reale Erleben von ganz normalen Menschen. Menschen, die sich auf die Suche nach Gott und nach der Glückseligkeit gemacht haben. Wer dieses Stadium purer Glückseligkeit erreicht hat, der glaubt nicht mehr, der *weiß*. Der Begründer der analytischen Psychologie, Carl Gustav Jung, kannte dieses Stadium; er teilte die Einsichten der Heiligen und Mystiker. Auch er schreibt davon, nicht mehr zu glauben, sondern zu wissen. Jung war sich sicher, dass das Heilen auf nicht-materiellem Weg, also durch Meditation und Kontemplation, ungeahnte Möglichkeiten bietet, die alles, was wir kennen, weit überschreiten. Er spricht von ungeheuren Energien, die unserer Persönlichkeit selbst innewohnen – vom Göttlichen in uns hineingelegt. Die Präsenz auf der spirituellen Ebene zeigt dir, was es heißt, wirklich erwacht zu sein. Hier kannst du dein Erbe als Tochter, als Sohn Gottes antreten. Du bist die Tochter, du bist der Sohn des Schöpfergottes. Du bist absolut frei und berufen dazu, ein Leben in Fülle zu führen und zu leben. Hör auf, dich nur auf deinen Körper, deine Gefühle und Gedanken zu begrenzen. Du bist mehr als dieser limitierte Körper-Geist-Komplex! Du trägst das Göttliche in dir.

Du bist absolut frei und berufen dazu, ein Leben in Fülle zu führen.

Bevor wir uns nicht mit der höchsten der fünf Ebenen des Seins auseinandergesetzt haben, die Kraft unserer Seele entfesselt und verinnerlicht haben, wonach wir uns sehnen und was Glückseligkeit bedeutet, macht es keinen Sinn, sich mit der nächsten, der mentalen Ebene zu befassen – auch wenn sie es ist, auf der wir unsere Visionen manifestieren, wo wir unser Leben also aktiv gestalten. Auf Ebene 1, an der Spitze der *Kosha*-Pyramide, entscheidet sich, welches Leben du führen willst. Hier hast du den größten Einfluss auf das Wohl deiner Seele und deines Lebens. Wenn du hier in deiner Glückseligkeit angekommen bist, kannst du fortan Mühe, Stress und Frust aus deinem Leben streichen. Kümmere dich zuerst um das Königreich Gottes, der Glückseligkeit oder der Seele, und alles andere wird dir dazu geschenkt.

Wir können uns nach nichts sehnen, von dem wir nicht irgendwie eine Ahnung haben. Wieso keimt dann bei manchen oder sogar allen von uns eine Ahnung von Glückseligkeit auf? Wir kennen sie bereits alle. Und wir kennen ebenfalls schon die Antwort auf die drei größten Fragen, die ein Mensch sich stellen kann: Woher komme ich? Wofür lohnt es sich zu leben? Wohin gehe ich? Du und ich, unsere Seelen, kommen aus der Glückseligkeit, und wir kehren eines Tages in die Glückseligkeit zurück. Wir sind hier, um der Glückseligkeit Ausdruck zu verleihen.

1.1 Alles beginnt mit der Sehnsucht nach Glückseligkeit

„Alles beginnt mit der Sehnsucht."

Nelly Sachs

Ich kann mich noch gut erinnern, wie meine Tante mir schon in jungen Jahren sagte, dass die meisten Menschen sich mit sehr wenig zufriedengeben: ein Haus, ein Auto, ein Fernseher, Urlaub. Das war`s. Wenn der Alltag läuft und man zwischendurch seine kleinen Highlights genießen kann, dann ist die Mehrheit der Überzeugung, alles zu haben, was man braucht. Um ihr seelisches Wohlbefinden kümmern sich leider die wenigsten.

Meine Tante ist da anders. Sie ist einer von den Menschen, die eine sehr persönliche Beziehung zu Gott haben. Wenn ich als Kind bei ihr war, spürte ich, dass bei ihr etwas anders war als bei anderen Menschen. Es strahlte aus ihren Augen. Eine Art Leuchten umgab sie, sie erfüllte den Raum mit Wärme und Ruhe. Vielleicht haben Kinder für so etwas noch feinere Antennen als Erwachsene, aber ich begriff, dass es mehr gibt als das, was wir sehen – und das wollte ich auch kennenlernen.

„Alles beginnt mit der Sehnsucht." Diesen Satz von Nelly Sachs hörte ich das erste Mal auf einer Exerzitien-Woche irgendwann in meinen Zwanzigern. Wörtlich heißt Exerzitien so viel wie „Übungen": Für einige Tage zieht man sich an einen ruhigen Ort zurück, z. B. in ein Kloster, taucht in die Stille ein und bekommt jeden Tag Weisheiten mit auf den Weg, die das eigene Leben nachhaltig beeinflussen. Die Übungen sind also geistlicher Natur. Der Satz von Nelly Sachs hat mich seitdem begleitet. Noch heute stelle ich meinen Seminarteilnehmern immer wieder die Frage: „Was ist deine Sehnsucht?" Und jetzt frage ich dich: Was ist deine Sehnsucht?

Wenn du jetzt an die Liebe deines Lebens denkst, dir eine tolle Figur und viel Geld wünschst, ist das vollkommen in Ordnung. Diese Art Wünsche liegen in unserer Natur, sie sind nachvollziehbar und durch und durch menschlich. Alle diese Ziele werden wir uns auf der mentalen Ebene anschauen. Aber lass uns bitte zunächst noch ein wenig auf der spirituellen Ebene bleiben. Du wirst sehen, dass du von hier oben, quasi von der Spitze der Pyramide aus, die beste Position hast, um auch die ganz praktischen Dinge des Lebens zu regeln.

Ob du Glückseligkeit erlebst, hängt allein von dir ab. Äußere Umstände, so unglaublich das zunächst klingen mag, sind hierfür tatsächlich irrelevant. Der wichtigste Faktor ist dein unstillbares Verlangen danach. Du musst es wirklich wollen! Wenn du glückselig werden willst, wenn du einen Blick hinter den Vorhang werfen und dem Göttlichen begegnen willst, dann wird sich dein Wunsch erfüllen.

„Bittet und euch wird gegeben", heißt es in der Bibel. Jeder kann bitten, und jeder wird erhört. Die Entscheidung liegt bei dir.

In unserer Sehnsucht will Gott sich verwirklichen. Er lebt mit uns und in uns, teilt alle unsere Erfahrungen. So wie wir eins mit ihm sind, so ist er auch eins mit uns. Sei deshalb nicht zu kritisch mit deiner Sehnsucht! Das Leben ist bunt, und der Schöpfer liebt die Vielfalt. Und nicht nur das: Er liebt es, uns zu beschenken, er liebt unsere Freude und den Genuss.

Vielleicht spürst du bereits die Sehnsucht nach Glückseligkeit in dir. Der Teil in uns, der danach strebt, ist nicht unser Kopf oder unser Ego, sondern das Göttliche: unsere Seele. Wenn wir uns nach Glückseligkeit sehnen, wird uns die göttliche Kraft auch den Weg dorthin erleuchten. Denn letztlich sind Erkenntnis und Glückseligkeit ein Gnadenakt Gottes. Sie könnten uns unser Leben lang verborgen bleiben, wenn wir nicht danach suchen würden. Aber sobald wir uns auf den Weg machen und unserer Sehnsucht folgen, können wir unsere Ängste ziehen lassen – denn wir werden früher oder später finden, was wir suchen.

In unserer Sehnsucht will Gott sich verwirklichen.

1.2 Welche Sehnsucht ist die richtige?

> *„Trachtet zuerst nach dem Reich Gottes und nach seiner Gerechtigkeit, so wird euch das alles zufallen."*[7]

Dieser berühmte Satz stammt aus der Bergpredigt. Jesus erklärt hier seinen Jüngern, dass das Reich Gottes keine Staatsform ist; es existiert in uns. Es ist ein Zustand, in dem ich erfüllt bin von Liebe, von tiefem Frieden mitten im Augenblick – es ist ein Zustand der Glückseligkeit. Diese biblische Verheißung fand schon sehr früh ihren Weg tief in meine Seele und entfaltete hier ihre Kraft für mein Leben. Auch wenn ich damals noch zu jung war, um kognitiv zu erfassen, was damit gemeint ist, hatte mein Unterbewusstsein verstanden: „Wenn du vertraust, wenn du dafür sorgst, dass du der Liebe mehr Aufmerksamkeit schenkst als der Angst, dann wird dir alles andere dazugeschenkt. Dann hast du das Leben in Fülle."

Nicht jede Sehnsucht in uns ist dazu geeignet, uns in die Glückseligkeit zu führen. Wir müssen zwischen reinen und unreinen Sehnsüchten und Eigenschaften unterscheiden. Zu den reinen Sehnsüchten zählen Liebe, Klarheit, Mitgefühl, Großzügigkeit, Mut. Zu den unreinen zählen solche wie Gier, Stolz, Ärger, Heuchelei, Eifersucht, Neid und Hass. Wir müssen zwischen reinen und unreinen Sehnsüchten unterscheiden lernen und uns immer wieder ehrlich fragen, ob das, was wir uns wünschen, etwas Gutes ist.

Als Wolodymyr Selenski 2019 Präsident der Ukraine wurde, sagte er: „Ihr braucht euch kein Bild des Präsidenten in die Amtsstuben zu hängen. Hängt stattdessen ein Bild eurer Kinder auf. Wenn ihr eine Entscheidung trefft, dann betrachtet vorher dieses Bild." Ich bin immer wieder sehr berührt von dieser durch und durch genialen Botschaft. Unsere Kinder vor Augen, liegt der innere Fokus wie von selbst auf der Seele statt auf dem Ego.

Nicht jede Sehnsucht in uns ist dazu geeignet, uns in die Glückseligkeit zu führen.

Unreine Sehnsüchte führen oft in eine Abwärtsspirale und enden in der Regel in Enttäuschung, Trauer oder Sucht. Jeder von uns hat seine Schwachstellen: Angewohnheiten, die wir nicht abschalten können, Süchte, denen wir immer wieder nachgeben, obwohl wir längst wissen, dass sie uns schaden. Schlechte Gewohnheiten begleiten uns oft ein Leben lang, sie halten uns gefangen und überlisten uns. Wir reden sie klein und tun so, als seien sie lässliche Sünden, die leicht zu verzeihen sind. Natürlich ist die Lust auf Süßigkeiten oder Chips nicht verwerflich, aber wenn wir das Maß verlieren, dann geht die Freude verloren.

Dich selbst zu ändern, ist wahrscheinlich die schwierigste Aufgabe, die du dir stellen kannst. Auf der anderen Seite ist es im Grunde ganz einfach, denn es hängt allein von dir und dem ab, was du willst. Du hast es in der Hand. Wenn du dich wirklich danach sehnst, wenn du es von ganzem Herzen willst, dann wird dir das Göttliche in dir dabei helfen, es zu erreichen. Du musst es nur wollen. Denke an das, was dich erwartet, worauf du dich freuen kannst, und nicht an das, was du vermeintlich verlierst. Du bekommst das Beste, was du dir vorstellen kannst: ein Leben in Fülle. Glückseligkeit zeigt sich nämlich nicht nur in deinem Inneren, sondern manifestiert sich in deinem ganzen Leben.

1.3 Wege in die Glückseligkeit

Es gibt unterschiedliche Wege, die Ebene der Seele und der Spiritualität zu erreichen. Ein paar grundlegende Techniken solltest du auf jeden Fall einüben: Erst einmal brauchst du die Fähigkeit, Stille in deine Gedanken zu bringen und dich auf die Präsenz Gottes fokussieren können. Zudem solltest du aufrichtig bereit sein, dein Leben von dem zu reinigen, was dich und dein Umfeld schwächt und schadet. Und du solltest deine wachsenden Fähigkeiten nicht nur für dich persönlich nutzen, sondern auch zum Wohle aller einsetzen. Sobald du uneigennützig denkst und handelst, werden Freundschaften, eine angenehme Gesellschaft und die Liebe deines Partners oder deiner Partnerin wachsen. Jede Art zwischenmenschlicher Beziehung wird sich hierdurch Schritt für Schritt positiv verändern.

Es ist für jeden von uns möglich, Zugang zu unendlicher Liebe, zu Gott zu bekommen. Die Techniken sind nicht geheim, und sie sind nicht schwer zu lernen. Dabei gibt es verschiedene Wege. Einer ist der Weg der Nächstenliebe. Ihn zu gehen, ist vielen von uns vertraut und vielleicht auch schon fester Bestandteil des Alltags. Jedes Mal, wenn wir einem Mitmenschen freundlich und hilfsbereit begegnen, wenn wir Gutes tun und uneigennützig handeln, spüren wir ein warmes Leuchten in uns. Ein Vorgeschmack dessen, was Glückseligkeit für uns bereithält.

Sobald du uneigennützig denkst und handelst, werden Freundschaft und die Liebe in deinen Beziehungen wachsen.

Ein anderer Weg ist der der Kontemplation. Auch durch sie sind wir dazu in der Lage, Glückseligkeit zu erreichen. Sich zu befreien vom ständigen Streben, zur Ruhe zu kommen und in das Hier und Jetzt ganz einzutauchen, öffnet uns genau wie die Nächstenliebe die Tür zu unserem inneren Festzelt. Beide Wegen führen uns zu einer Evolution unserer Persönlichkeit und unserer Spiritualität.

Maranatha – „Herr, komm!“

Wende deine Aufmerksamkeit nach innen, in die Mitte der Brust. Schließe die Augen und atme ruhig ein und aus. Stelle dir vor, wie mit jedem Atemzug das Licht in der Mitte deiner Brust mehr und heller wird. Verweile hier einen Augenblick. Lasse nun deine Aufmerksamkeit aufsteigen in die Mitte des Kopfes. Dort liegt die Hypophyse. Stelle dir vor, wie mit jedem Atemzug das Licht in der Mitte deines Kopfes mehr und heller wird. Verweile. Verbinde nun beide Punkte, indem du deine Aufmerksamkeit gleichzeitig auf den Punkt in deinem Herzen und in deinem Kopf richtest. Sobald du beide Punkte gleichzeitig in Licht gehüllt innerlich sehen und fühlen kannst, bitte den Heiligen Geist, die göttliche Weisheit, zu dir zu kommen. Sprich leise das Wort „Maranatha“. Maranatha ist Aramäisch, die Sprache der ersten Christen, und es bedeutet: „Herr, komm!“ Wiederhole das Wort ein paar Mal. Werde still, sprich leise oder zu dir selbst Maranatha. Genieße diese Übung, solange du willst.

Eine Möglichkeit, um hinter den Vorhang zu schauen und eine Vision von der Welt hinter der sichtbaren Welt zu bekommen, ist, ein persönliches Mantra zu zitieren. Auch in der westlichen Tradition gibt es Vergleichbares: Christen beten Psalmen, feiern Sakramente oder lesen in der Heiligen Schrift. Der Fokus liegt dabei immer darauf, sich bewusst zu machen, dass es eine unsichtbare Welt hinter der sichtbaren gibt. Durch ein Mantra oder ein Sakrament versetzen wir unser Bewusstsein in diesen Zustand.

Heilige Worte, die der Gegenwart Gottes gewidmet sind, sind die effektivsten Schlüssel, um Zugang zu deiner Seele zu bekommen. Nichts ist so stark wie diese alten Gebete. Die Bedeutung ebenso wie die tonalen Schwingungen öffnen dir das Tor zur Glückseligkeit.

Erst als ich angefangen habe, mit diesem Verständnis die indischen Mantras zu rezitieren, ist mir bewusst geworden, wie kraftvoll sie sind. Gleichzeitig wurde mir klar, welcher Schatz in unserer christlichen Tradition verborgen steckt. Vor allem die katholischen Gottesdienste zeichnen sich durch viele von diesen überaus kraftvollen Worten aus: *Kyrie Eleyson* zum Beispiel bedeutet „Herr, erbarme dich!“ *Halleluja* heißt nichts anderes als „lobe Gott“, und das *Amen* verstärkt unsere Wünsche und Bitten wie ein „So sei es“. Wenn du diese Worte hörst, betest oder innerlich wiederholst, aktivierst du deine spirituelle Ebene. Es geht dabei nicht nur um das intellektuelle Verstehen der Worte. Ich gebe mich ganz in sie hinein, lasse die Worte in mir vibrieren. So schwinge ich mich in die Ebene der Spiritualität ein. Gerne zitiere ich auch indische Mantras. Sie helfen mir, mich mit dem Göttlichen zu verbinden, meinen Geist zu beruhigen – und ganz allgemein auch ein verträglicher Mitmensch zu sein.

Während meiner Zeit in der *Yoga-Schule* in Wales bekam ich bestimmte *Mantras* mit auf den Weg. Es war Teil des Trainings, diese *Mantras* ständig zu wiederholen, sie wie einen Rosenkranz mir immer und immer wieder innerlich selbst vorzubeten. Mantras, regelmäßig wiederholt, haben eine intensive und in alle Lebensbereiche hineinreichende Wirkung. Es sind kraftvolle Vibrationen, die bewirken, dass unser Leben reicher wird. Bei den meisten Menschen liegt diese kreative Kraft schlafend danieder. Aber jeder, der sich daran macht, innere Arbeit an sich zu leisten, kann ein klares spirituelles Bewusstsein erreichen und das in sein Leben ziehen, wonach er sich sehnt.

Das Erstaunliche ist, dass sich alle heiligen Schriften in dem Punkt absolut einig sind. In jeder Religion sind Gebete, Psalmen, Suren oder Mantras das Mittel der Wahl. Die Christen auf der ganzen Welt kennen diese heiligen Worte; viele beten sie täglich. Leider hat ihnen niemand erklärt, welche Kraft diesen Worten zugrunde liegt: Die Jünger haben Jesus gebeten, sie zu lehren, wie man betet. Dieses Gebet ist ein Türöffner für das großartigste, kreativste, glückseligste Leben, das du dir vorstellen kannst! Du brauchst nicht einmal mehr einen Wunsch zu formulieren; es reicht, zu vertrauen, loszulassen und sich beschenken zu lassen. Denn:

> „Euer Vater weiß, was ihr braucht, noch ehe ihr ihn bittet. So sollt ihr beten: ‚Unser Vater im Himmel, geheiligt werde dein Name, dein Reich komme, dein Wille geschehe, wie im Himmel, so auf der Erde. Gib uns heute das Brot, das wir brauchen! Und erlass uns unsere Schulden, wie auch wir sie unseren Schuldnern erlassen haben. Und führe uns nicht in Versuchung, sondern rette uns vor dem Bösen!‘“[8]

Dieses Gebet, bekannt als das Vaterunser, wurde den Menschen geschenkt. Wenn du es als ein heiliges Mantra annehmen kannst, als einen Schlüssel für das Leben in Fülle, dann wird es all das für dich tun, was du brauchst.

Das scheinbar Widersprüchliche daran: Theoretisch könnten wir es auch ganz weglassen. Schließlich heißt es: „Euer Vater weiß, was ihr braucht, noch ehe ihr ihn bittet". Die Worte sind allein für uns. Sie sind ein Vehikel für unseren Geist, der ständig etwas zu tun haben muss. Keine einzige Bitte ist notwendig, denn das Göttliche weiß, was du brauchst, bevor du es aussprichst. Deine Seele hat das längst verstanden. Aber dein Verstand kann es nicht akzeptieren, denn er ist viel zu eitel. Schließlich ist er es ja, der die Probleme löst! Er braucht eine Aufgabe.

Ebenso wie Worte gibt es auch Musikinstrumente, die Schwingung in uns erzeugen. Kein Yoga-Festival, auf dem nicht das Singen der Mantras von den klassischen indischen Instrumenten begleitet wird. Sie sehen exotisch aus und klingen für unsere Ohren zum Teil sehr ungewohnt. Doch das Geheimnis dahinter ist, dass unser Körper sehr gut mit jeglicher Schwingung in Resonanz geht. Wir schwingen uns auf eine höhere Frequenz ein, singen mit und vergessen für eine Weile unsere Sorgen und Gedankenkarusselle. So bekommen wir Zugang zu unserer Seele.

Musik kann aufputschen, entspannen, heilen, aber auch aggressiv machen oder traurig. Dabei gilt: Je reiner die Schwingung der Musik, desto gesünder. Heilige Musik unterstützt dich, auf die spirituelle Ebene zu kommen. Trommeln zum Beispiel helfen dir raus aus dem Kopf. Sie können uns hervorragend erden. Orgelmusik hat ebenfalls eine heilende Wirkung. Sie versetzt dich in eine positive Schwingung. Es geht dabei nicht darum, unseren Musikgeschmack zu bedienen, sondern darum, dass die Musik eine positive Wirkung auf unsere Stimmung hat.

Als ich noch als Religionslehrer an einer Schule unterrichtet habe, hat sich bei unruhigen Klassen meine große Klangschale immer bewährt. Ihr Ton hatte eine beruhigende Wirkung auf meine Schüler. Eine ganz ähnliche Wirkung haben übrigens auch die Kirchenglocken: Ihre Schwingungen habe eine erhellende und beruhigende Wirkung auf uns. (Und mal ehrlich: Gibt es etwas Schöneres, als bei einer Wanderung das Gezwitscher der Vögel, das Plätschern eines Bergbachs und den Klang einer Kirchenglocke aus dem Tal zu hören?)

1.4 Glückseligkeit in allen Dingen finden

> *„Es gibt zwei Arten, sein Leben zu leben: entweder so, als wäre nichts ein Wunder, oder so, als wäre alles eines. Ich glaube an Letzteres."*

Albert Einstein soll diesen Satz einmal gesagt haben. So wie ihm geht es mir auch. Ich liebe Physik und Biologie und überhaupt die Wissenschaften. Sie zeigen uns die Wunder im ganz Kleinen, dort, wo unsere fünf Sinne ohne moderne Technik nichts wahrnehmen können. Und da, wo wir an unsere geistigen Grenzen stoßen, wo wir nicht dazu in der Lage sind, all unser Wissen sinnvoll miteinander zu verknüpfen, zeigen sie uns die großen Zusammenhänge auf. Wissenschaft macht uns das Wunder anschaulich, dass wir existieren und miteinander und allem, was ist, interagieren.

Alles um uns herum ist ein Beweis für die Existenz Gottes.

Für mich ist Wissenschaft sowohl Lupe als auch Fernrohr, um diese Welt zu entdecken. Und steht damit auf gar keinen Fall im Widerspruch zu einer gereiften Spiritualität, sondern dient ihr vielmehr als Beleg dafür, dass eine wunderbare Kraft all das geschaffen hat.

Gott in allen Dingen zu erkennen, schenkt nicht nur tiefe Freude, sondern auch ein absolutes Urvertrauen in das Leben. Alles um uns herum, jedes Blatt, jeder Kubikzentimeter Luft, jeder Tropfen Wasser ist ein Beweis für die Existenz Gottes.

Es gibt Menschen, die schon früh eine Erfahrung auf der Ebene der Glückseligkeit machen, ohne dass sie sich danach ausgestreckt hätten. Sie wird ihnen geschenkt. Manche von ihnen nennen es eine Offenbarung. Sie erleben diesen Moment und sind für den Rest ihres Lebens tief beeindruckt. Einige von ihnen schreiben diese Erlebnisse auf und helfen ihren Schülern, dieselben Erfahrungen zu machen. Das sind die Mystiker.

Nicht selten sind es gerade die einfachen Leute, die mitunter schon als Kinder diesen Blick hinter den Vorhang haben. Intellekt kann den Weg in die Glückseligkeit erschweren. Unser Geist ist oft wolkenverhangen, sodass wir die unendliche Weite des Himmels und das Licht der Sonne, die dort scheint, nicht sehen können. Aber wer regelmäßig meditiert oder betet, wird merken, dass die Wolkendecke dünner wird, der Himmel weiter und das Licht heller.

Irgendwann bleibt der Himmel offen und du wirst überschäumen vor Wonne. Was du dann fühlst, liegt jenseits aller Worte.

Niemand blickt direkt in die Sonne – dafür sind unsere Augen nicht gemacht, es würde ihnen schaden. Was wir sehen, ist immer noch gefiltert durch den eigenen Verstand und die inneren oder kulturellen Bilder. Aber hin und wieder, in Momenten der Gnade, reißt der Himmel auf und die Sonnenstrahlen berühren dich. Dann erlebst du Glückseligkeit. Vielleicht zunächst nur für den Bruchteil einer Sekunde; aber irgendwann bleibt der Himmel offen und du wirst überschäumen vor Wonne. Was du dann fühlst und erlebst, wird jenseits dessen sein, was Worte beschreiben können.

1.5 Leben im Strom aus Glückseligkeit

Letztendlich sind alle Religionen und ihre Methoden des Betens oder Meditierens nur der Versuch, uns Menschen den Zugang zur spirituellen Ebene zu ermöglichen. Es ist unglaublich bereichernd, verschiedene Arten auszuprobieren. Bei so großer Vielfalt ist für jeden von uns eine passende Methode dabei. „Prüfet alles und behaltet das Gute“[9], so steht es schon in der Bibel. Oder, wie es der Priester und Zen-Meister Niklaus Brantschen, der sich sowohl als Christ wie auch als Buddhist bezeichnet, gesagt hat: „Mein Gott ist groß. Ich habe viel Freiheit.“[10]

Als ich anfing, während meiner Zeit in einem Pfarrheim meine ersten Yoga-Stunden zu geben, traf ich eine Yogalehrerin, die in derselben Kleinstadt unterrichtete. Sie fragte mich, wie ich als Seelsorger Yoga unterrichten könne. Ich stellte ihr die Gegenfrage: „Wie kannst du hier Yoga unterrichten, wo die Menschen doch den ganzen kulturellen Background nicht haben?“ Ich sagte, dass man viel Weisheit aus dem Yoga in unsere Sprache übersetzen kann. Leider hat das Yoga-Wording hier bei uns einen ziemlich esoterischen Touch. Das führt dazu, dass die meisten Leute sich nicht näher damit beschäftigen – was ich wirklich schade finde. Denn Christus und Krishna ergänzen sich perfekt! Jede Religion erstarrt mit der Zeit. Im Dialog und echten Austausch mit einer anderen Religion wird sie sich ihrer selbst wieder gewahr.

Yoga hat uns Christen schon vor über hundert Jahren einen genialen Dienst erwiesen, von dem die meisten gar nichts wissen. Swami Vivekananda sprach 1893 vor dem Weltparlament der Religionen in Chicago. Dort trafen sich mehr als 4.000 Vertreter christlicher Konfessionen und anderer Religionen. Vivekananda hatte eine Redezeit von nur zehn Minuten. Er war eine Persönlichkeit, die durch und durch auf der spirituellen Ebene präsent war. Das merkten die Anwesenden. Diese zehn Minuten waren so ergreifend, dass er noch länger sprechen sollte. Die Teilnehmer waren tief bewegt – so, wie Menschen es immer sind, wenn jemand nicht aus dem Kopf heraus predigt, sondern in Einheit mit Gott. In diesem besonderen Moment verstanden vor allem die Christen, dass ihnen die Mystik völlig verloren gegangen war. Viel zu sehr war man mit Riten, Dogmen, Zuständigkeiten und Abgrenzung gegen die anderen beschäftigt. Die christliche Mystik, die im Mittelalter in Europa erblüht war, war tot.

In der Folge des Treffens in Chicago besann man sich auf die Mystiker und holte sie aus den alten Bibliotheken heraus. Gerade Deutschland war reich mit ihnen gesegnet. Fakt ist aber leider auch, dass der Begriff Mystiker damals ein Schimpfwort war, vielleicht ähnlich wie „Esoteriker" heute. Mystiker wurden unterdrückt. Es gab und gibt bis heute keine mystische Schule in Deutschland. Immerhin hat sich einiges auf dem Buchmarkt getan. Wenn wir ein Buch von Hildegard von Bingen oder Theresa von Avila in Händen halten, haben wir das mitunter auch der Rede von Swami Vivekananda in Chicago zu verdanken.

Religionen und Konfessionen sind verschieden. Aber gerade die Tatsache, dass jede Religion einen Aspekt besonders unterstreicht, sehe ich als großartiges Geschenk. Indem wir aufeinander hören und voneinander lernen, können wir alle nur gewinnen. Deshalb macht es aus meiner Sicht wenig Sinn, dem eigenen Weisheitsstrom den Rücken zu kehren, um einem anderen zu folgen. Wenn wir die Verbindung zu unserem ursprünglichen Strom behalten – auch und gerade, wenn wir uns einem anderen Weisheitsstrom öffnen –, werden wir doppelt gespeist und genährt. Gerade weil der Strom aus Indien von so viel Spiritualität geprägt ist, konnten die spirituellen Quellen der Bibel überhaupt erst unter den Dünen aus Religionskritik und Traditionalismus freigeschaufelt werden.

Es gibt ein wunderbares Gebet aus Indien, das ungefähr so lautet: „Auch wenn die verschiedenen Ströme ihre Quellen an verschiedenen Orten haben, vermischt sich alles Wasser im Meer. Oh Herr, die Wege, die die Menschen durch verschiedene Ströme bringen, auch wenn sie verschiedenartig erscheinen, führen alle zu dir."

Ich finde an diesem Gebet sehr viel Wahres. Wenn ich verschiedene religiöse Texte nacheinander lese, ist jeder für sich nachvollziehbar, baut seine Erkenntnisse aufeinander auf, erscheint logisch und voller Weisheit. Aber wenn ich sie miteinander vergleiche, lässt sich auf die Frage, welcher denn nun „recht hat", keine Antwort finden. Jeder dieser Texte hat recht. Wenn ich mich von ihnen inspirieren lasse, gleichsam ihre Heiligkeit einatme und sie verkoste, dann fühle ich mich persönlich berührt und ergriffen. Meine Augen lesen, mein Intellekt versteht, aber das, was trägt, ist die Erfahrung, dass ich die Ebene des Intellekts überschreite und auf die Ebene der Spiritualität gehoben werde. Mein Herz springt vor Freude, Frieden breitet sich aus und ein sanfter Hauch von Glückseligkeit erfüllt mich. Ich kann es dir nur empfehlen: Beim Lesen der Bibel oder anderen heiligen Texten ist es wichtig, nicht nur mit dem Verstand zu lesen. Lies mit dem Herzen!

1.6 Erlösung und Befreiung

Der Schüler des Yogi Mansukh saß täglich auf seinem Bänkchen und meditierte. Sein Meister war sich sicher, dass er ein großer spiritueller Führer werden würde. Er fragte ihn: „Mein Lieber, was willst du durch Meditation erreichen?"

Sein Schüler antwortete: „Ich will Glückseligkeit finden und ein Buddha werden."

Daraufhin nahm der Meister einen Dachziegel und begann, ihn mit Schleifpapier abzuschleifen.

„Was machst du da, Meister?", fragte sein Schüler.

„Ich schleife den Dachziegel, um daraus einen Spiegel zu machen", sagte Mansukh.

„Wie könnte das Schleifen einen Dachziegel zu einem Spiegel machen?"

Der Meister sah seinen Schüler lange an. Dann erwiderte er: „Wie könntest du durch Meditieren ein glückseliger Buddha werden, wenn du nicht schon von Anfang an glückselig und Buddha wärest?"

Diese Geschichte macht für mich auf sehr eindrückliche Weise etwas ganz Entscheidendes deutlich: Alles, was wir erreichen wollen, alles, was wir uns wünschen zu sein, sind wir bereits. Wir sind zeitlose Wesen, die seit Anbeginn der Schöpfung existieren. Wir haben alle schon die Erfahrung von Erlösung, Erleuchtung und Glückseligkeit gemacht. Jesus, Buddha, die Yogis, sie alle erinnern daran, dass es nichts zu erreichen gibt. Höchste Wonne und bedingungslose Liebe sind unsere eigentliche Natur. Wir sind Töchter und Söhne Gottes. Das heißt, wir sind ein manifestierter Teil des ewigen, nicht-manifestierten Schöpfers. Wir sind niemals von Gott getrennt. Wir sind eins.

Du bist schon Tochter oder Sohn Gottes. Du brauchst es nicht erst werden.

Du bist schon Ebenbild Gottes. Du brauchst es nicht erst werden.

Du bist schon alles, was du dir je erträumen könntest.

Du bist. Du brauchst nichts werden.

Als ich studierte, habe ich mir einen Zettel über mein Bett gehängt, auf dem stand: „Den Seinen gibt's der Herr im Schlaf." Das ist ein Zitat aus der Bibel. Jedes Mal, wenn mein Blick auf diese Verheißung fiel, fühlte ich mich beseelt. Meine Sorgen verdunsteten und Zuversicht und Glücksgefühle kamen auf. Ich vertraute, dass ich alles schaffen würde, die Prüfungen an der Uni und die Prüfungen des Lebens. Bis heute hat sich diese Zuversicht unzählige Male bewahrheitet. Je mehr wir uns diesem göttlich-glückseligen Strom des Lebens hingeben, desto mehr Segnungen können wir auch empfangen. Sorgen hingegen bescheren uns nur noch mehr Sorgen.

„Seht euch die Vögel an! Sie säen nichts, sie ernten nichts und sammeln auch keine Vorräte. Euer Vater im Himmel versorgt sie. Meint ihr nicht, dass ihr ihm viel wichtiger seid?"[11] Ist es nicht genau so? Natürlich gehen wir alle durch Hoch- und durch Tiefphasen. Aber die ständige Sorge um das Morgen verhindert lediglich, dass wir ein glückseliges Leben führen können.

Ich beobachte, dass wir alle auf ganz persönliche Weisen genährt werden – jeder so, wie es am besten zu ihm und seinem Leben passt: Der eine hat besondere Talente, ein anderer schließt leicht tragfähige Freundschaften und ein dritter macht eine Erbschaft. Das Leben hat unzählige Wege, für uns zu sorgen.

Glückseligkeits-Tipp: Count your blessings

Mache dir bewusst, auf welche Weise das Leben schon für dich gesorgt hat. Durftest du eine Schule besuchen? Lebst du in einem freien Land? Hast du genug zu essen? Hast du Freundschaften geschlossen? Wo liegen deine Talente? Zähle mindestens einmal im Monat alle deine Segnungen auf. Am besten an dem Tag im Monat, an dem du Geburtstag hast. Ich lade dich ein, immer an diesem Tag im Monat all deine Segnungen zu zählen. Du wirst sehen: Dankbarkeit und Glückseligkeit breiten sich aus und du spürst die wohlwollende und liebevolle Kraft, die für dich sorgt.

Der einfachste Weg, um glückselig zu werden, ist es, dich auf die Person zu fokussieren, die du von Herzen liebst. Ich habe diese Weisheit vor einiger Zeit von einem Mann gelernt, der es wissen sollte. Ihm ist die Gnade zuteil, in Glückseligkeit zu leben. Solche Erfahrungen machen Mystiker, wenn sie von Erleuchtung reden. Die Aussage – dass der einfachste Weg, um glückselig zu werden, im Fokus auf eine geliebte Person liegt – deckt sich zum einen mit meiner persönlichen Erfahrung, zum anderen mit dem, was ich von vielen anderen Menschen höre, wenn ich nach ihrer Quelle der Glückseligkeit frage. Ich selbst habe das große Glück, in einer wirklich glücklichen und liebevollen Partnerschaft zu leben. Die Liebe meiner Partnerin zu spüren, an sie zu denken und den Moment mit ihr zu genießen, ist eine ganz reale Quelle größter Glückseligkeit.

Wenn du also glückselig werden möchtest, dann fokussiere deine Gedanken auf die Person, die du von Herzen liebst.

Gib diesem Gedanken Zeit und Raum, sich zu entfalten. Stelle dir die Person vor, ihre Augen, ihren Blick, ihren Geruch, ihre Stimme. Denke an schöne Momente, die ihr miteinander verbracht habt, an Zärtlichkeiten und Komplimente, die ihr ausgetauscht habt. Lass diesen Moment in dir so plastisch werden, wie es nur geht, und genieße die Wärme, die dich durchströmt.

Liebe und Glückseligkeit sind aufs Engste miteinander verknüpft. Deswegen verstehe ich die Worte Jesu, „Liebe deinen Nächsten wie dich selbst!“, auch nicht als moralisches „Du sollst!“, sondern als Ratschlag, als Lebensweisheit. Wenn du glückselig werden willst, fang an zu lieben.

Übung auf spiritueller Ebene

Bevor du die folgenden Zeilen liest, lade ich dich ein, eine Kerze anzuzünden und für ein paar Minuten mit der Kerze zu meditieren. Bitte um Frieden und Klarheit. Lass die Bewertung des Geistes für einen Moment beiseite. Deine Seele versteht jedes Wort. Diese tiefe mystische Wahrheit kann dir Erlösung und Glückseligkeit bringen.

Befreiende Worte

Ich bin weder mein Name, mein Körper, meine Gefühle noch meine Gedanken. Diese werden eines Tages aufhören zu existieren.
Ich bin ewig.
Ich habe mich in diesen Körper inkarniert, aber ich existiere jenseits von ihm.
Ich bin rein.
Ich bin frei.
Ich bin jenseits von allem.
Meine engen Grenzen, meine Gefühle, meine Gedanken übergebe ich dem unendlichen Schöpfer.
Ich bin eine große, leuchtende Seele.
Ich bin umgeben vom unendlichen Raum.
Ich bin ein Kind des Schöpfers.
Ich bin beseelt von Heiligem Geist.
Ich bin erfüllt von der Gegenwart des Herrn, ich bin erfüllt von bedingungsloser Liebe, ich bin erfüllt von Glückseligkeit.
Er füllt mein Herz.
Er füllt meine Gedanken und Gefühle.
Seine Liebe durchdringt meine Aura.
Er und ich sind eins.
Ich bin auf immer sein.
Jetzt und in Ewigkeit.

Liebe und folge deiner tiefsten Leidenschaft!

Spirituelle Ebene (1)

Spiritualität, Seele, Einheit mit Gott, Schicksal

Mentale Ebene (2)

Berufung, Lebensglück, Gedankenkraft, Denk- & Verhaltensmuster, Wissen, Intuition, Intellekt, Geist, Persönlichkeit, Werte

Emotionale Ebene (3)

Glücksgefühle, Liebe, Seligkeit, Lebenslust, Gelassenheit, emotionale Reife, Angst, Trauer, Wut

Energetische Ebene (4)

Vitalität, Power, Energiehaushalt, Natur, Licht, Atem, Regenerationskraft, Ausdauer, Berufung

Körperliche Ebene (5)

Physischer Körper, Gesundheit, Bewegung, Körperwahrnehmung, Muskeln, Organe, Hormone, Nervensystem, Selbstheilungskräfte, Nahrung

2.

DIE MENTALE EBENE

Fokus auf Glückseligkeit

Es ist viel geschrieben worden über die Kraft der Gedanken. Die ersten Texte darüber finden sich bereits in den heiligen Schriften des Hinduismus, den indischen *Veden*. Auch Buddha ließ seine Schüler wissen, dass sie mit ihren Gedanken alles in ihrem Leben verändern können. Und auch die Bibel und die apokryphen Schriften berichten von der Kraft der Gedanken.[12]

Zu Beginn des letzten Jahrhunderts wuchs das Interesse an diesem Thema. Zunächst waren es Leistungssportler, erfolgreiche Unternehmer und Spitzenpolitiker, die Bücher über die Macht der Imagination verschlungen. Heute werden Visualisierungstechniken und mentales Training unter verschiedenen Bezeichnungen in vielen Sportarten, an Universitäten und in therapeutischen Verfahren angewendet.

„Wenn euer Glaube nur so groß ist wie ein Senfkorn, könnt ihr zu diesem Berg sagen: ‚Rücke von hier nach dort!', und es wird geschehen."

Immer noch kommen neue Bücher, die sich mit der Kraft der Gedanken beschäftigen, auf den Markt. Das Thema übt einen ungeheuren Reiz aus. Alles soll man erreichen können. Aber wenn es doch so einfach ist und mittlerweile sogar allgemein bekannt, wieso stolpern nach wie vor so viele von uns über ihre eigenen Unzulänglichkeiten, kommen mit ihrem Ersparten nicht aus oder machen immer noch einen Job, der ihnen eigentlich längst keine Freude mehr bereitet?

Meinen ersten Kurs in mentalem Training hatte ich mit Mitte zwanzig. Es war während meines Theologiestudiums, und durch das, was ich im Studium gelernt und gelesen hatte, war ich immer neugieriger geworden, was es mit der Kraft des Glaubens auf sich hat. Der Seelsorger für junge Erwachsene predigte damals immer wieder über die Macht des Gebetes und die Funktionsweise des Unterbewusstseins. Seine Gottesdienste in unserer Basilika waren so gut besucht, dass viele Besucher stehen mussten. Bei ihm machte ich meinen bereits erwähnten ersten Kurs in mentalem Training. Ich ließ mich im Laufe der Jahre von ihm immer weiter ausbilden. Die genauen Techniken und die mentale Kunst, Dinge allein durch die Kraft der Gedanken zu manifestieren, brachte er mir bei.

Ich arbeitete bereits seit einer Weile als Mentaltrainer mit Gruppen und Einzelpersonen in diesem Bereich, war mir aber immer noch nicht ganz sicher, wie weit meine mentale Kraft eigentlich reichte. Viel Gutes war sowohl mir als auch meinen Kursteilnehmern geschehen, das wirklich beachtlich war. Doch ein Wunder oder etwas Unmögliches war noch nicht darunter. War das alles vielleicht doch nur Zufall?

Mein Kurs war eine Kombination aus dem üblichen Mentaltraining und der Weisheit der Bibel. Dort heißt es, dass wir Berge versetzen können, auch wenn unser Glaube nur so groß wie ein Senfkorn ist. Wir müssen nur glauben, wir hätten es schon, dann wird es uns zuteilwerden Nichts ist uns unmöglich.[13]

Ganz schön große Worte! Und um ehrlich zu sein: schwer vorstellbar. Doch die Reihe berühmter Menschen der Weltgeschichte, die an die Kraft der Gedanken glaubten, ist lang: Buddha, Platon, Jesus, da Vinci, Newton, Edison, Tesla, Gandhi, Einstein und viele, viele mehr. Die grundlegenden Prinzipien der Bibel, der *Bagavad-Gita*[14] oder die Worte Buddhas – sie alle sagen dasselbe: Unsere Gedanken und unser Glaube formen unser Leben. Oder anders ausgedrückt: Unsere Energie folgt den Gedanken. Die Bilder und Glaubenssätze unseres Unterbewusstseins geben den Ausschlag, wie unser Leben verläuft und ob wir glücklich oder unglücklich werden.

Und genau hierfür wollte ich einen Beweis. Ich wollte wissen, ob es tatsächlich sein kann, dass ein Gedanke, ein Wunsch wirken kann, auch wenn ihm jeglicher Realitätsbezug fehlt. Es ging mir nicht einfach um die Kraft der Imagination, wie man sie aus dem Leistungssport kennt: so wie ein Skifahrer, der seine Abfahrt in Gedanken mehrmals vor dem entscheidenden Rennen durchläuft, tatsächlich schneller wird. Mir ging es ums Prinzip – um die Glaubwürdigkeit der heiligen Schriften.

Ich überlegte mir, was ein junger katholischer Seelsorger im Praktikum sich wünschen könnte. Ich hatte gerade meine ersten Träume verwirklicht: eine tolle Stelle an einem See in den Alpen, frisch verheiratet und werdender Vater. Alles schien perfekt. Wonach also ausstrecken?

Ich dachte lange über diese Frage nach. Es musste etwas absolut Unmögliches sein, etwas, das unter überhaupt gar keinen denkbaren Umständen jemals „einfach so" durch menschliche Anstrengungen oder Zufälle passieren könnte. Bischof wollte ich auf keinen Fall werden – auch wenn der Wunsch unmöglich für einen verheirateten Mann wie mich wäre, der auf keinen Fall zölibatär leben wollte. Ebenso unmöglich wäre es, als Seelsorger zu predigen. Ich dachte weiter über diese Idee nach. Wenn, dann wollte ich nicht irgendwo in einer kleinen Ortsgemeinde predigen, sondern in der schönsten, größten und wichtigsten Kirche des Landes: dem Kloster Einsiedeln. Es ist der berühmteste Wallfahrtsort der Schweiz, jährlich kommen rund eine Million Besucher in die Basilika. Mein Wunsch stand fest.

Das Recht zu predigen ist in der katholischen Kirche Priestern vorbehalten. In der Deutsch-Schweiz ist man allerdings etwas demokratischer und liberaler als im Rest der Welt. Hier dürfen auch verheiratete Theologinnen und Theologen predigen, sobald vor Ort ein Priestermangel festgestellt wird. Zu der Zeit, zu der ich mir mein Ziel setzte, lebten im Kloster Einsiedeln jedoch 80 Mönche. Ein Priestermangel konnte also nicht für die einzig mögliche Ausnahme sorgen. Damit sanken die Chancen für mich auf null. Mein Vorhaben war perfekt: Es war absolut unmöglich. Nur ein einziges Mal in der Geschichte des Klosters, im 16. Jahrhundert, wurde aufgrund extremen Priestermangels ein externer Theologe mit der Seelsorge von Einsiedeln betraut. Es war niemand Geringeres als der spätere Reformator Ullrich Zwingli. Seitdem verzichtete man dort auf externe Unterstützung.

Um meine unmögliche Idee in die Tat umzusetzen, besorgte ich mir in Einsiedeln eine Ansichtskarte. Das Motiv zeigte das Klosterinnere, wobei der Betrachter vom Standpunkt hinter dem Pult des Predigers den wunderschönen Blick auf das prächtige barocke Kirchenschiff genießt. Diese Postkarte stellte ich auf meinen Nachttisch. Das Gebet dazu war ebenso kindlich-naiv wie der Wunsch selbst: „Lieber Gott, wenn das biblische Versprechen, dass Glaube Berge versetzen kann, stimmt, dann lass mich dort predigen. Aber selbstverständlich geschehe dein Wille! Schließlich will ich nichts übers Knie brechen. Und wenn es nicht klappt, ist das auch nicht schlimm. Mir geht es ja gut." – Ich hatte eine klare Vision, einen himmlischen Ansprechpartner, und ich konnte gleichzeitig zu 100 Prozent loslassen.

Und dann geschah das Unglaubliche: Innerhalb von lediglich drei Monaten wurde ich mithilfe eines kirchenrechtlichen Konstruktes zum designierten Gemeindeleiter der Pfarrei Einsiedeln. Ich entdeckte eine Stellenanzeige, in der die Pfarrei einen Theologen als Gemeindeleiter suchte. Dass die Stelle landesweit ausgeschrieben wurde, anstatt einen der Mönche zu wählen, hing damit zusammen, dass ausdrücklich eine Führungspersönlichkeit gesucht wurde. Auch wenn ich gerade erst mein Praktikum beendet hatte und die geforderten fünf Jahre Berufserfahrung nicht nachweisen konnte, meldete ich mich.

Und was soll ich sagen: Es klappte! Zwar durfte ich als Theologe nicht predigen, aber ich hatte zumindest schon mal ein Büro im Kloster. Wenig später trat der Abt an mich heran und erklärte mir, dass ich die Gemeinde nicht leiten könne, wenn ich nicht auch predigen würde. Sein Einfluss in der Bischofskonferenz war groß, und zudem wehte dort zu dieser Zeit ein liberaler Wind. So kam es, dass ich im Wechsel mit drei anderen Mönchen, die ebenfalls mit der Aufgabe der Gemeindeseelsorge betraut waren, tatsächlich in Einsiedeln, der wichtigsten Kirche der gesamten Schweiz, predigte.

Ich weiß es noch wie heute. Am Tag meiner ersten Predigt hatte ich wie jedes Mal, wenn ich einen Gottesdienst feiere, eine weiße Tunika an. Ich trat nach dem Evangelium an den Ambo, das Pult für die Verkündigung, das in jeder Kirche steht. Als ich den Widerhall meiner ersten Worte durch die Lautsprecheranlage dieser riesigen Abtei- und Kathedralkirche hörte, wusste ich: „Bitte und du wirst empfangen. Klopfe an und dir wird aufgetan.“ Nichts wird dir unmöglich sein. Egal, worauf du deinen Geist ausrichtest: Du wirst es!

Egal, worauf du deinen Geist ausrichtest: Du wirst es!

2.1 Die mentale Ebene

> Du kannst Berge versetzen durch die Kraft deines Glaubens. Du musst nur glauben, du hättest es schon – dann wird es dir zuteil. Nichts wird dir unmöglich sein!

Die britische Wissenschaftsjournalistin Lynne McTaggart veröffentlichte vor über zehn Jahren ein Buch mit dem Titel *Das*

Nullpunkt-Feld, das bereits damals ein enormes Echo fand. Die Gründerin der mittlerweile auf 15 Sprachen erhältlichen Zeitschrift *What Doctors Don't Tell You* (zu Deutsch „Was Ihnen Ihr Arzt nicht verrät") schreibt über die Entdeckung, dass das Gehirn nicht wie eine Festplatte funktioniert, sondern eher wie ein *Interface*, also wie ein Vermittler zwischen dem physischen Körper und etwas mehr Energetischem – etwas, das man derzeit allgemein als Quantenfeld oder Nullpunktfeld beschreibt. In unserer christlichen Tradition würden wir wohl von Heiligem Geist oder spiritueller Kraft sprechen. Dieses Energiefeld durchdringt alle Phänomene, sowohl auf der Erde als auch im Weltall. Doch das Auffälligste daran ist, dass dieses Feld untrennbar mit unserem Bewusstsein verbunden zu sein scheint: Die Art und Weise, wie wir die Welt sehen, hat einen Effekt darauf, wie die Welt tatsächlich ist. Unser Denken verändert die Tatsachen – und zwar wissenschaftlich nachweisbar.[15] Mit dem gesunden Menschenverstand ist dies nicht zu verstehen. Aber der biblische Satz, dass man Berge durch den Glauben versetzen kann, ist es ebenso wenig. Und wenn ich etwas schon nicht verstehe, will ich wenigstens wissen, ob es funktioniert …

In der Vor-Quantenwelt – also vor ca. 100 Jahren – haben Physiker Experimente durchgeführt, um die Natur um uns herum zu verstehen. Dort gab es auf der einen Seite das Experiment und auf der anderen Seite denjenigen, der das Experiment durchführte und betrachtete, der also die Rolle des Beobachters einnahm. Der Beobachter bewertete die Ergebnisse und zog aufgrund dieser seine Schlussfolgerungen über die Welt. Quantenphysiker haben diese Sicht verändert. Mittlerweile ist es allgemein anerkannt, dass es in unserer (Quanten-)Welt keine „Beobachter" gibt. Jeder, der ein Experiment durchführt und begutachtet, nimmt gleichzeitig an diesem

Experiment teil. Es gibt ausschließlich Partizipierende. Alle Faktoren des Experiments, sowohl der Durchführende als auch der Untersuchungsgegenstand, die Apparatur, sogar die Rezipienten, die später die Ergebnisse nachlesen, nehmen an diesem Experiment teil. Wir sind mit allem verbunden – den Dingen, den Menschen, den Vorgängen. Alles, was wir tun, hat eine Auswirkung auf alles andere. Jedes Gebet, jede Meditation, jeder Gedanke und jede Tat verändert die Welt.

Die spirituelle Ebene ist die Ebene der Glückseligkeit. Die mentale Ebene ist die Ebene der Schöpfung. Wir steigen also eine Stufe herab von der Ebene der Einheit mit Gott auf die Ebene der Manifestation. Hier sind der erwachte Geist und der Intellekt zu Hause. Diese Ebene ist der Bereich in jedem Menschen, in dem die tiefste Willenskraft wohnt. Wie schon bei der spirituellen Ebene ist auch der Zugang zu dieser Ebene nicht „mal so eben nebenbei" möglich. Die Erfahrung dieser Kräfte liegt jenseits des Alltagsbewusstseins. Wie die Malerei, die Musik und das Schreiben ist auch der schöpferische Gebrauch des Geistes eine Kunst. Übung und Ausdauer machen den Meister. Um aber mit den Grundlagen vertraut zu werden und erste eigene Erfahrungen zu sammeln, reichen auch schon ein paar Stunden.

Wenn es tatsächlich so ist, dass alles, was wir denken, fühlen und tun, eine Wirkung auf uns und die Welt hat, dann macht es Sinn, den eigenen Fokus auf Glück und Seligkeit auszurichten. Das geht einerseits, indem wir dankbar für alles sind, was wir haben, und andererseits, indem wir uns immer wieder unsere Herzenswünsche bewusst machen. Ein absolut wichtiger Punkt, denn wir können alles erreichen – leider auch das, was uns von unserem höchsten Ziel wegführt. Alles, was du dir vorstellen kannst, alles, von dem du glaubst, es gehörte schon dir, kommt in dein Leben. Alles, von dem du glaubst, du hättest es nicht verdient, wärest dessen nicht würdig oder nicht gut genug, wird sich ebenfalls verwirklichen.

Unsere inneren Bilder und Gefühle werden äußere Wirklichkeit. Deshalb ist es wichtig, sich ständig auf Glückseligkeit und glückliche Ereignisse und Umstände zu fokussieren. Bei allem, was ich materialisieren will, beginne ich darum stets bei meiner spirituellen Intelligenz und verbinde mich mit der Glückseligkeit des Augenblicks. Erst danach gehe ich zu meiner mentalen Intelligenz, wähle ein weises Ziel und visualisiere es. Sobald der Intellekt weiß, was er zu tun hat, ist er grandios. Um ein glückseliges Leben zu verwirklichen, musst du also zunächst herausfinden, was das für dich heißt.

Unsere inneren Bilder und Gefühle werden äußere Wirklichkeit.

Himmlische Verbündete

Das Gute ist: Du musst es nicht allein schaffen. Ich nehme dich mit diesem Buch, den Informationen, meinen Erfahrungen und den Übungen im Praxisteil an die Hand. Zudem hast du auch die Möglichkeit, dich von mir in gesprochenen Meditationen begleiten zu lassen.[16] Aber es gibt noch eine weitere Hilfe: das Göttliche.

Das Göttliche ist immer bei dir. Ob als dein Schutzengel oder auf welche Art und Weise auch immer sich Gott dir offenbart: Er hilft dir bei deiner Arbeit auf der mentalen Ebene. In Indien ist es üblich, dass spirituell Suchende mit ihrem sogenannten *Istadevata* arbeiten – das, was in der christlichen Kultur die Tugenden oder die Heiligen sind. Es gibt Millionen verschiedene *Istadevata* (manche übersetzen den Begriff mit

„Lieblingsgott“ oder „persönliche Gottheit“). Jeder von ihnen hebt eine oder mehrere Eigenschaften besonders hervor – von Gesundheit über Weisheit bis hin zu finanziellem Reichtum. Damit bietet auch jede Gottheit ein bestimmtes Idealbild. Diese Vielzahl an Göttern ist vor allem von psychologischem Nutzen. Theologisch werden sie alle auf einen einzigen Gott zurückgeführt, der dann wie bei uns im Christentum in drei Personen erscheint. Psychologisch sind sie deshalb von Nutzen, weil man mit einem *Ishtadeva* so etwas wie eine bessere Vision von sich selbst hat: Man konzentriert sich auf die Fähigkeit oder die Gabe, die man gerne hätte: Reichtum, Mut, Kraft, Weisheit, Geduld, Schönheit etc. So, wie ich mir mithilfe der Ansichtskarte des Kirchenschiffs von Einsiedeln meine Vision stets vor Augen hielt, so übernehmen in Indien die verehrten Hausgötter diese Funktion.

Die *Istadevata* sind psychologisch klug gewählt, weil ich mit ihrer Hilfe genau die Fähigkeit und die gute Charaktereigenschaft ständig vor Augen habe, die mir hilfreich erscheint und die ich selbst entwickeln will.

Wer z. B. einen Haufen Probleme im Leben hat, betet zu Ganesha. Diese Gottheit hat den Kopf eines Elefanten, ist ebenso stark und schiebt jedes Hindernis einfach aus dem Weg.

Wer Glück und Geld braucht, betet zu Lakshmi, der Glücksgöttin. Geld wird so zu einem Geschenk der Götter, das ich leicht und gerne annehmen kann. Mit Hilfe von Lakshmi kannst du also nicht nur ein positives Gefühl für Geld, sondern auch einen großzügigen Charakter entwickeln, weil es zu einem Geschenk wird, das dir im Überfluss zuteilwird. Du musst nur darum bitten.

Jedes Gottesbild ist eine psychologische Vision und ein Zielbild, wie man gerne wäre. Unendlich reich, unendlich schön, unendlich weise oder einfach ein begnadeter Künstler.

Das, was wir uns beständig vor Augen halten, was wir anvisieren, auf was wir uns fokussieren, das werden wir.

Viele gehen davon aus, dass hinter dieser psychologischen Eigenschaft aber auch noch eine weitere Kraft liegt. Nämlich dieselbe Kraft, die wir Schutzengeln oder Heiligen zusprechen, zu denen viele Menschen in bestimmten Situationen beten. Und jedem, der das naiv findet, kann ich nur raten, es einmal selbst auszuprobieren. Diese Welt ist wesentlich komplexer als das, was wir mit unseren fünf Sinnen wahrnehmen können – selbst mit den besten technischen Hilfsmitteln.

2.2 Der Dreiklang des Geistes

Auf der mentalen Ebene stehen uns drei große Kräfte zur Verfügung, um zu einem glückseligen Leben zu finden:

Die erste große Kraft ist das Denken, unser **Intellekt**. Diesen benutzen wir in der Regel am häufigsten. Unsere ganze Gesellschaft baut darauf auf; ebenso ist unser Schulsystem fast ausschließlich auf die Entwicklung dieser Kraft angelegt.

Die zweite große Kraft ist die „mentale Intelligenz" – oder anders gesagt: unsere **Fantasie**. Sie ist nach der Liebe die zweitgrößte Kraft im gesamten Universum. Sobald du dir etwas vorstellen kannst, kannst du es auch in dein Leben holen. Die mentale Intelligenz ist unabdingbar, um Dinge zu manifestieren – und eine Kraft, die wir leider viel zu selten nutzen. Dabei können wir durch sie unser Leben genau so gestalten, wie wir es uns erträumen.

Die dritte große Kraft der mentalen Ebene ist die **Intuition**. Viele von uns tun sich schwer mit Entscheidungen, weil sie ihre Intuition nicht trainiert haben. Jedem von uns ist sie angeboren, jedoch werden wir bereits vom Schulkindalter an dazu erzogen, uns nicht auf sie zu verlassen. Weil die Intuition schwer messbar oder beweisbar ist, wird der Intellekt ihr in unserer Kultur stets vorgezogen. Einem Bauchgefühl zu vertrauen, hat etwas Naives an sich, das unserer Ratio widerspricht. Dabei ist Intuition so viel mehr als ein undefinierbares Gefühl!

Schon Albert Einstein nutzte sie für seine Arbeit als gängiges Hilfsmittel. Mittlerweile haben die Forscherinnen Barbara Kamp und Christina Schweiger bewiesen, dass Intuition tatsächlich als Forschungsmethode taugt.[17] Durch sie können Menschen schnell „verborgene Zusammenhänge, Widersprüchlichkeiten, organisationale Konflikte etc." erkennen. Auch wenn bei einfachen Fragen genaues Nachrechnen bessere Ergebnisse bringt, siegt bei allem, was komplex ist, die Intuition. „Intuition kann oftmals sehr rational sein, weil wir dadurch das große Ganze besser sehen."[18]

Zurück zur mentalen Intelligenz, der Fantasie. Nutze sie, um wie ein Designer ein Leben zu entwerfen. Am besten in kleinen Schritten: Wie sieht eine ideale Partnerschaft für dich aus? Wie würdest du gerne wohnen? Was für eine Arbeit möchtest du gerne machen? Mach es nicht kompliziert, aber stell dir deinen Wunsch so bunt und detailliert vor deinem inneren Auge vor, wie es nur geht. Immer wieder! Während du das tust, bitte deinen Intellekt um Stille. Dein kluger Geist kann jedes Problem lösen, aber leider unterbricht er auch ständig deine Fantasie und erzählt dir, warum das oder dies nicht funktionieren kann. Beschäftige deinen Kopf, indem du ihm Aufgaben gibst, die deiner Fantasie in dem Moment nützlich sind, zum Beispiel: „Ich brauche ein schönes Buch, in das ich meine Wünsche und Ziele hineinschreiben kann". Du kannst deinen Geist auch um Hilfe bitten: „Bitte denk dir eine positive Formulierung für mein Traumziel aus“, „Bitte erinnere mich jeden Morgen und jeden Abend daran, dass ich mir meinen Wunsch noch einmal durchlese“. Nach zwei bis drei Wochen solltest du den Wunsch allerdings loslassen. Auch das ist ein wichtiger Schritt in dem Prozess des Manifestierens. Wenn wir uns zu sehr an etwas klammern, verkrampfen wir innerlich und der positive Gedankenfluss kehrt sich in sein Gegenteil.

Schreibe deinen Wunsch auf (ich benutze dazu ein Ziele-Buch). Formuliere ihn positiv. Vermeide Worte wie „kein“ oder „nicht“. Dafür hat unser Unterbewusstsein kein inneres Bild und du verstärkst lediglich das, was du nicht willst. Wenn du dir wünschst „Ich will nicht krank/arbeitslos/unglücklich sein“, merkt sich dein Unterbewusstsein also „krank/arbeitslos/unglücklich“.. Eine ideale Gelegenheit, um wieder deinen Geist zu beschäftigen: Was ist die positive Formulierung für deinen Traum? So oder ähnlich könnte sie lauten: „Ich bin vital“, „Ich habe meinen Traumjob“, „Ich fühle mich glücklich“. Sprich aus Dankbarkeit, nie aus der Not heraus. Wenn es dir nicht gut geht, dann warte, bis du in einer entspannten, heiteren Stimmung bist (nutze dazu am besten die Übung zur Tiefenentspannung im Aktiv-Teil am Ende des Buchs). Aus der Not heraus zu manifestieren, verschlimmert lediglich das Gefühl der Bedürftigkeit.

Tipp für einen guten Zielsatz:
Eine gute Formulierung für einen Zielsatz, der für viele Wünsche passt, lautet:
„Ich bin so dankbar, dass ich den/das/die ideale/n … habe, der/das/die in jeder Hinsicht zu mir passt, zum Wohle aller.“

Sobald du eine gute Formulierung hast, schließe die Augen und stelle dir dein Ziel vor deinem inneren Auge ganz lebendig vor. Spiele dir die Situation wie einen Film vor, in der sich dein Wunsch bereits erfüllt hat. In meinen Seminaren übe ich das Schritt für Schritt und führe die Teilnehmer in einen tiefenentspannten Zustand hinein. Je tiefer man sich beim Manifestieren entspannt, desto tiefer kannst du die inneren Bilder verankern. Egal, worauf du deinen Fokus beständig richtest: Du wirst es.

Mein Lieblings-Hilfsmittel bei der Visualisierung sind Fotos und Bilder. Sie helfen mir, einen Wunsch oder ein Ziel bildlich vor Augen zu haben und zu behalten. Das funktioniert vor allem in der Kombination von visuellen Typen und materiellen Wünschen gut. Haptische Typen sollten sich möglichst vorstellen, wie sich ihr verwirklichter Wunsch anfühlt, also wie sie z. B. den Schlüssel zu ihrem Traumhaus im Türschloss umdrehen, mit der Hand über das Geländer der herrlichen Massivholztreppe gleiten und wie sich die kühlen Armaturen in ihrem neuen Badezimmer anfassen. Auditive Typen wiederholen ihren Zielsatz wie ein Mantra. Darüber lassen sich auch Dinge, die man sich nicht so gut als Bild vorstellen kann, im Unterbewusstsein verankern – z. B. „Ich bin gut“ oder „Ich werde geliebt“.

Der nächste Schritt besteht darin, die Glückseligkeit zu fühlen, die sich dann eingestellt haben wird. Nicht nur vor dem inneren Auge sehen, sondern spüren! Fühl die Freude, fühl die Erleichterung, genieße es! Das Gefühl ist die Kraft, mit der du deinen Wunsch auf den Weg schickst. Je intensiver du die Freude spürst, desto mehr Energie hat dein Wunsch. Ich vergleiche das gerne mit Pfeil und Bogen: Erst visierst du ein klares, positives Ziel an (Fantasie und Visualisierung). Dann spannst du kraftvoll den Bogen (Gefühle: Freude, Dankbarkeit, Leidenschaft). Und zuletzt … lässt du los.

Das Loslassen ist eine Kunst für sich. Du brauchst Vertrauen in das Leben, in dich. Wenn du festhältst, kann der Pfeil nicht fliegen und der Wunsch nicht abheben. Das Loslassen ist genauso wichtig wie das Visualisieren und das Fühlen.

Die Formel für Glückseligkeit:
Vorstellen + Fühlen + Loslassen =
Ein Traum wird wahr.

Mir ist bewusst, wie schwer es ist, das zu glauben. Zu glauben, dass es so einfach ist. Mir selbst geht es vor jedem Wunsch genauso – ich zweifle. Mein Intellekt sagt meiner Fantasie jedes Mal: „Das klappt nicht"; dabei hat es schon so oft geklappt! Ein Beispiel aus gar nicht so langer Vergangenheit: Meine Partnerin und ich suchten eine große Altbauwohnung im Rheinland. Sie sollte zentral, also fußläufig zur Innenstadt gelegen sein, gleichzeitig aber ruhig und bitte mitten im Grünen. Völliger Unfug! Mein Verstand erklärte mir sofort, dass das ja wohl nicht gehen würde. Man muss sich entscheiden: Natur oder Stadt. Und falls es doch so was gäbe, dann wäre es viel zu teuer und würde weit über unserem Budget liegen.

Beim Durchstöbern der Wohnungsanzeigen im Internet entdeckte ich Fotos einer wunderschönen Wohnung im obersten Stock einer beeindruckenden Villa in einem großen Garten. Meine ersten beiden Gedanken waren: „Wow, super schön!" und „Viel zu teuer!". Dennoch klickte ich auf die Anzeige und las die Beschreibung. Dabei fiel mir der Name des Maklers ins Auge. Es war tatsächlich ein Bekannter von mir. Ich rief ihn an, und er lud mich zu einer Besichtigung ein. Die Wohnung war ein Traum. Sie erfüllte alle unsere Wünsche.

Vom Balkon aus konnte man über die ganze Stadt blicken, eingebettet zwischen großen Bäumen direkt am Waldrand. Trotzdem konnte man alles bequem zu Fuß oder mit dem Fahrrad erreichen. Wie sollten wir das bezahlen?

Es stellte sich heraus, dass der Vermieter bestimmte Wünsche gegenüber seinen zukünftigen Mietern hatte, die außer uns keiner erfüllen wollte: Jeweils für einen Monat im Jahr wollte er selbst die Wohnung für seinen Urlaub nutzen, inklusive seiner Möbel. Diese mussten also bleiben, und wir selbst jährlich für vier Wochen die Wohnung räumen. Außer uns war keiner der Mitbewerber willig, diese Bedingung einzugehen. Also bekamen wir die Wohnung (vollmöbliert!) zu einem Preis, der in unser Budget passte.

Man kann solche Dinge als Wunder betrachten, muss man aber nicht. Eine wissenschaftliche Erklärung für solche „Glücksfälle" liefert uns die Psychologie. Psychologen bestätigen, dass wir von unserem Unterbewusstsein gesteuert werden. Man kann die Kraft des Unterbewusstseins mit einem Eisberg vergleichen: Zehn Prozent ragen aus dem Wasser, 90 Prozent liegen darunter verborgen. Diese 90 Prozent sind wesentlich stärker und bestimmen, wohin die Lebensreise geht. Der Trick beim Arbeiten auf der mentalen Ebene ist, dass man eben nicht über den Verstand geht, sondern das eigene Unterbewusstsein direkt ansteuert. Durch Gebet, Meditation und Tiefenentspannung werden hier „unten" die notwendigen Schalter umgelegt. Was für unseren Verstand unmöglich erscheint, ist für das mächtige Unterbewusstsein kein Problem. Es arbeitet mit Bildern statt mit Logik. Sobald du ein klares inneres Bild oder sogar einen inneren Film siehst, hörst und am besten auch fühlst, braucht es nur noch eine dosierte Aktion im Wachzustand.

Entspanne dich, tauche in deinen inneren Traumfilm ein, glaube daran und lass los. Im Grunde ist es ganz leicht. Der

Punkt ist, dass wir alle in unserem Unterbewusstsein einen Mix aus positiven und negativen Bildern und Glaubenssätzen haben. Die gleiche Mischung aus Licht und Schatten wird auch auf unsere „Oberfläche“ projiziert. Aber mit den Werkzeugen, die unsere fünf Ebenen des Seins ansprechen, können wir die Programme im Unterbewusstsein verändern. Vielleicht fällt dir der Zugang über die spirituelle Ebene leicht, durch Gebet oder Meditation. Ein anderer arbeitet mit Visualisierung von der mentalen Ebene aus, oder aber Emotionen sind deine Stärke und du schaffst es, durch Leidenschaft und Dankbarkeit dein Leben zu meistern. Aber auch der Atem und der Körper bieten genug Wege, um ein glückseliges Leben zu erschaffen. Für jeden von uns gibt es den passenden Weg.

Um mit den Bildern des Unterbewusstseins effektiv zu arbeiten, haben sowohl die Weisen im Osten als auch die Weisen der westlichen Mystik interessante Wege gefunden. Alles, was wir im Leben, vor allem in den ersten Lebensjahren erfahren haben, hinterlässt Spuren und Bilder im Unterbewusstsein. Diese Bilder steuern uns – im Guten wie im Schlechten. Vor allem Erlebnisse mit unseren Eltern, was sie über uns sagten und wie sie sich uns gegenüber verhielten, prägen uns sehr. Man kann nur schwer diese alten Bilder löschen. Aber es klappt gut, neue Bilder darüberzulegen. Wenn wir diese positiven neuen Bilder regelmäßig ansteuern, werden sie nach und nach Teil unseres Unterbewusstseins – das Gleiche, was passiert, wenn wir aktiv unsere Wünsche visualisieren.

2.3 Die Macht der Gedanken

„Die Welt ist ein Berg. Alles, was wir hören, ist das Echo unserer eigenen Stimme."

Rumi

Jeder von uns hat schon einmal die Erfahrung gemacht, dass wir an etwas gedacht haben oder uns etwas von ganzem Herzen gewünscht haben, und kurz darauf ist es wahr geworden. Manche sprechen in Bezug auf solche Phänomene von Vorahnung, von seherischen Fähigkeiten. Beide Ansätze sind für unseren Verstand schwer nachvollziehbar. Ich persönlich möchte lieber daran glauben, dass unser Bewusstsein in so einem Fall für einen Moment die Welt der schöpferischen Ebene betreten und diese Realität manifestiert hat.

Viele warnen vor der Kraft, die entsteht, wenn wir diese Fähigkeit trainieren. Sobald wir einmal verstanden haben, wie Manifestation funktioniert, steht unseren Wünschen nichts mehr im Weg. Ein wahrer Herzenswunsch, in vollem Vertrauen ausgesprochen und frei von Zweifel, wird sich erfüllen. Allzu oft ist dann die Verlockung sehr groß, sich auf Materielles zu konzentrieren. Dabei lenkt uns nichts so sehr von unserem eigentlichen Weg zur Glückseligkeit ab wie Besitz. Trotz dieser Gefahr sollten wir das Risiko eingehen, denn wenn wir die Entwicklung unserer mentalen Ebene bzw. unseres „kreativen Körpers" vernachlässigen, bleiben wir bis zuletzt unvollständig.

An dieser Stelle möchte ich noch einmal ausdrücklich auf das Thema reine und unreine Sehnsüchte aus dem ersten Kapitel hinweisen. Natürlich können wir immer für uns selbst bitten und unsere eigenen Ziele fokussieren. Eine ganze Weile wird das auch gut funktionieren. Aber auf Dauer werden wir niemals glückselig werden, wenn wir nicht das Wohl aller im Auge behalten. Wir sind mit allem verbunden – mit allen Wesen hier auf der Erde, mit allem Göttlichen um uns herum. Wenn wir uns nicht um die Balance kümmern, wenn wir den Blick für Gerechtigkeit und das ökologische Gleichgewicht verlieren, schaden wir am Ende immer uns selbst.

Negative Bilder vermeiden

Die folgende Aussage ist nicht leicht zu verdauen. Sie löst allgemein immer wieder heftige Debatten aus, und es gibt einige Menschen, die mir ihretwegen schon den Rücken gekehrt haben. Und dennoch kann ich nicht anders, als sie immer wieder bestätigt zu sehen: Alles, was in unserem Leben passiert, ziehen wir selbst hinein: Glück, Reichtum, Erfolg genauso wie Krankheit, Einsamkeit oder Verlust. Unser Leben ist der Spiegel unserer Gedanken. Alles, was in unserem denkenden Geist vor sich geht, ziehen wir in unser Leben. Jeder Gedanke ist etwas sehr Reales. Egal, worauf du dich lange und intensiv genug konzentrierst, das wird passieren.

Jeder Gedanke ist etwas sehr Reales.

Halte einen Moment inne und überlege, was für Gedanken dir den ganzen Tag durch den Kopf kreisen. Richtest du deinen Fokus auf Probleme? Auf Sorgen? Dann wirst du auch die entsprechenden Probleme haben. Oder bist du in der Lage, dich davon zu befreien, es an dir abperlen zu lassen und dich am Leben zu erfreuen? – Unser Leben ist die Materialisierung unserer eigenen Gedanken und Glaubensmuster. Unser Denken steuert, was für Menschen wir treffen, wie gesund wir sind und welcher Arbeit wir nachgehen. Wir werden, was wir denken.

Die meisten Menschen halten entweder Geld oder andere Menschen für die Ursache ihrer Probleme. Der Nachbar nervt, der Chef macht Druck, der Ex-Mann dreht mal wieder durch und das Geld ist schneller weg, als es reinkommt. Um mit dem islamischen Mystiker Rumi zu sprechen: Wir sehen und hören lediglich das Echo unserer eigenen Stimme. Meine persönliche Erfahrung als Mentaltrainer in über 20 Jahren deckt sich mit den Kernaussagen der Weltreligionen: Das Universum, das Göttliche, sagt immer ja. Und bei all dem Mist, den wir denken und fühlen, ziehen wir eben auch eine ganze Menge Mist in unser Leben.

Deine jetzige Situation ist schlichtweg das Ergebnis deiner früheren Gedanken, Gefühle und Glaubensmuster – das Resultat dessen, wie du bisher gelebt hast. Du allein trägst die Verantwortung. Das klingt für manche sehr hart, aber das Positive daran ist: Wir haben die volle Kontrolle über unser Leben! Wir haben die Wahl, wie wir leben wollen. Natürlich ist es leichter, die Verantwortung abzuschieben auf die Medien, die Politiker, den Partner oder die Vorgesetzten. Aber egal, wie sehr wir auch versuchen, Ausreden für das zu finden, was uns widerfährt, ändert das nichts an der unumstößlichen Tatsache: Wir ernten, was wir säen.

Wir ernten, was wir säen.

Bist du bereit?

Bist du bereit, dein Leben zu ändern? Bist du bereit, die Verantwortung für dein Leben zu übernehmen? Bist du bereit, an deinen Gedankenmustern zu arbeiten? Bist du bereit, deine Sorgen loszulassen und deinen Fokus auf Dankbarkeit und Glückseligkeit zu richten? Bist du bereit, dein Herz für die allgegenwärtige Glückseligkeit zu öffnen? – Höre ich ein Ja? Fantastisch!

Bei all den Dingen, die in deinem Leben geschehen, kannst du immer nach der Botschaft fragen. Dein Leben ist wie ein Spiegel, in dem du dich selbst erkennen kannst. Wir können es auch mit einem weisen Meister vergleichen, der uns hilft zu wachsen – auch wenn uns die Methoden nicht immer gefallen. Wenn eine Situation in deinem Leben nicht gut ist, kannst du dich fragen: Was ist der heimliche Nutzen, den ich von dieser Situation/Person oder dieser Entwicklung habe? Egal, ob wir in Teams arbeiten oder in unsere engsten Beziehungen schauen: Wenn wir Verantwortung übernehmen und uns unseren eigenen Schatten stellen, können wir unser Leben verändern. Die entscheidende Frage ist: Von welchen Bildern lassen wir unseren Geist bestimmen?

Jedes Bild, das uns erreicht, prägt unser Denken. Fatalerweise verbringen wir den Großteil unserer Lebenszeit vor irgendeiner Art Bildschirm. Und die meisten Bilder stellen nicht Harmonie und Frieden dar, sondern Aufregendes, Spannendes, Schreckliches oder Lustiges auf Kosten anderer. Das befriedigt zwar unseren neugierigen Geist, aber im Hinblick auf ein glückseliges Leben bringt es uns nicht weiter. Im Gegenteil, unser Unterbewusstsein nimmt die Bilder auf und steuert unser Leben in die entsprechende Richtung. Energie folgt der Aufmerksamkeit. Das, worauf ich meinen Fokus lenke, wird mehr – nicht das, was ich will oder nicht will. Wir wollen keinen Krieg, und wir wollen keine Pandemie. Und doch passiert es – weil wir uns darauf fokussieren. Das, wogegen wir uns wehren, wird mehr. Gib der Versuchung so selten wie möglich nach, dir Bilder von Katastrophen oder Kriegen anzuschauen. Bilder wandern zu tief in dein Unterbewusstsein. Eine Pressemitteilung zu lesen, reicht vollkommen aus, um informiert zu bleiben.

Das heißt nicht, dass du naiv durch das Leben gehen sollst. Es geht lediglich darum, negative Bilder und Filme zu vermeiden. Stell dir vor, wie sich unsere Welt verändern würde, wenn wir mehr motivierende, liebevolle und harmonische Bilder ansehen würden? Filme, wie Partnerschaft gelingt, Nachrichten, was alles Gutes in der Welt passiert, oder Reportagen über glückselige Menschen? Bis die Medien so weit sind, helfen Ratgeber, Meditation und die Visualisierungen, die du selbst vornimmst.

Berge versetzen mit der Macht des Glaubens

Unser Geist verwirklicht. Die Bibel ist voller Zeugnisse darüber. Besonders beeindruckend fand ich schon immer das Gleichnis mit dem Feigenbaum: Jesus war unterwegs und hatte Hunger. Da sah er am Weg einen Feigenbaum und ging auf ihn zu. Leider trug der Baum nur Blätter und keine einzige Feige. Zornig verfluchte er den Feigenbaum, und dieser verdorrte auf der Stelle. – Was für ein starkes Bild! (Und wie wunderbar mensch-

Wer daran glaubt, dass Gott in ihm ist, kann dieselben Wunder vollbringen, die er vollbracht hat – und sogar noch größere.

lich Jesus an dieser Stelle geschildert wird!) Als die Jünger das sahen, fragten sie erstaunt: „Wie konnte der Feigenbaum so plötzlich verdorren?“ Jesus antwortete ihnen: „Amen, ich sage euch: Wenn ihr Glauben habt und nicht zweifelt, dann werdet ihr nicht nur das vollbringen, was ich mit dem Feigenbaum getan habe; selbst wenn ihr zu diesem Berg sagt: ‚Heb dich empor und stürze dich ins Meer!‘, wird es geschehen. Und alles, was ihr im Gebet erbittet, werdet ihr erhalten, wenn ihr glaubt“.[19]

An anderer Stelle, als den Jüngern ein Heilungsversuch missglückt, fragen sie Jesus: „Warum konnten wir das denn nicht?“ Er antwortete: „Wegen eures Kleinglaubens. Denn, amen, ich sage euch: Wenn ihr Glauben habt wie ein Senfkorn, dann werdet ihr zu diesem Berg sagen: ‚Rück von hier nach dort!‘, und er wird wegrücken. Nichts wird euch unmöglich sein.“[20] Wer daran glaubt, dass Gott in ihm ist, der ist in der Lage, dieselben Wunder zu vollbringen, die er vollbracht hat – und sogar noch größere.

Ich selbst habe das Hunderte Male in meinem Leben erlebt. Jobs, Häuser, Autos, meine Partnerschaft, exzellente Lehrer und viele andere großartige Dinge habe ich in mein Leben gezogen, weil ich an sie geglaubt oder vor meinem inneren Auge gesehen habe. Aber auch meine Workshopteilnehmer berichten immer wieder von wunderbaren Entwicklungen. Egal, ob es sich um Abhängigkeiten handelte, die sie beenden wollten, um den Traumjob, nach dem sie sich sehnten, oder Reisen, die sie schon immer einmal machen wollten. All diese Frauen und Männer haben sich für einen Wunsch entschieden und geglaubt, dass es möglich ist.

Martin, der an einem meiner Mentaltrainings in der Schweiz teilgenommen hatte, erzählte mir ein Jahr später, wie das Seminar sein Leben verändert hatte. Da ich zu dieser Zeit wieder einen Kurs in seinem Heimatort gab und bei ihm und seiner Frau übernachtete, ergab sich die Gelegenheit, darüber zu berichten, was aus seinen Träumen geworden war. Martin war damals, als er an meinem Seminar teilnahm, unglücklich in seinem Job und träumte davon, eines Tages den Jakobsweg zu gehen. Kurz nach meinem Seminar verlor er seinen Job. Als ich das hörte, war ich zunächst entsetzt, weil ich mich mitverantwortlich fühlte. Aber seine Frau verdiente in dieser Zeit genug, sodass Martin seinen Traum wahr werden lassen konnte. Ein normaler Urlaub wäre nicht lang genug gewesen, um den ganzen Jakobsweg zu gehen. Durch die Arbeitslosigkeit hatte er nun die Gelegenheit. Als er von der Reise durch Frankreich und Spanien zurück in die Schweizer Berge kam, tauchte genau im richtigen Moment sein Traumjob auf. „Michael – ich lebe meinen Jugendtraum! Ich entwerfe und fertige Musikboxen! Das habe ich als Jugendlicher schon so gerne gemacht." Damals holte er sich alte Boxen vom Sperrmüll und schraubte an ihnen herum. Heute entwirft Martin Boxen, die direkt in die Möbel integriert werden, und produziert wird in einem Betrieb mit hohen ethischen Ansprüchen, direkt vor Ort. Er erzählte mir, dass er noch nie so glücklich mit seiner Arbeit war und mehr begeistertes Feedback bekommt als jemals zuvor.

Wir erschaffen unsere Welt durch unsere Vorstellung. Wichtig dabei ist, genau zu wissen, was wir wollen. Allgemeine Ziele verpuffen. In der Ausbildung zum Mentaltrainer verwenden wir deshalb viel Zeit drauf, dass jeder sich ganz genau überlegt, was er eigentlich will, und zwar für jeden Bereich: Partnerschaft, Arbeit, Wohnen, Urlaub und Freizeit, Familie, Gesundheit und Fitness, Sinn des Lebens und Spiritualität. Reichtum und Erfolg sind sicher für viele erstrebenswert, aber für ein glückseliges Leben ist die Balance zwischen allen fünf

Ebenen des Seins entscheidend: zwischen der Seele, dem Geist, den Emotionen, der Energie und dem Körper.

Im Johannesevangelium heißt es: „Bisher habt ihr um nichts gebetet in meinem Namen. Bittet, so werdet ihr empfangen, auf dass eure Freude vollkommen sei".[21] An dieser Stelle habe ich auch in meinen Seminaren oft das Gefühl, dass ich mich dafür entschuldigen muss, dass es nicht komplizierter ist. Wir Menschen sind schnell misstrauisch, wenn das, was wir erreichen wollen, nicht mit großen Mühen und Entbehrungen einhergeht. Wir vermuten einen Trick, eine Verkaufsstrategie oder schlichtweg puren Schwindel. Wenn es einfach ist, kann es nicht wirksam sein. Das Gegenteil ist der Fall. Und ich liebe den Hinweis darauf, dass unsere Freude vollkommen sein wird. Eine biblische Einladung zur Glückseligkeit! Aber auch alle, die nicht die Bibel lesen, dürfen glückselig werden. Denn dieses Prinzip findet sich in allen Religionen wieder: „Bittet im Namen eures Gottes und ihr werdet empfangen, auf dass ihr glückselig seid."

2.4 Eine Vision von Glückseligkeit entwickeln

„Wer ein gelungenes Leben führen will, soll es machen wie einer, der einen Kreis zieht: Steht die Mitte fest, gelingt der Kreis."

Meister Eckhart

Wir alle haben im Grunde die gleichen Lebensziele – glücklich sein, in Fülle leben, lieben, zu lernen und einen positiven Beitrag für das Leben zu leisten. Wichtig ist herauszufinden, wie dein ganz persönliches Glück aussehen soll. Du bist einzigartig. Du hast einzigartige Gaben und du wirst einen einzigartigen Weg gehen. Genieße ihn. Es macht großen Spaß, die eigenen Talente zu entdecken, zu entfalten und an andere zu verschenken – und das in jedem einzelnen Moment deines Lebens. Um deine Berufung zu finden, stelle dir bitte folgende Fragen. Nimm dir genug Zeit, diese Fragen in aller Ruhe und in aller Tiefe zu beantworten.

Was ist deine Sehnsucht?

Spüre immer wieder dieser Sehnsucht nach. Komm bei dir an, lass Vergangenes los. Sei ganz im Hier und Jetzt. Spüre deine Energie, nimm deine Gefühle wahr, atme, schweige. Deine Sehnsucht liegt unter dem ewig kreisenden Gedankenkarussell, tief in deinem Herzen und in deiner Seele.

Seiner Sehnsucht nachspüren braucht Mut und Geduld: Mut, nicht zu fliehen vor dem, was in dir ist. Wenn du den Wunsch verspürst zu fliehen, dann schau dir diesen Impuls genauer an. Versuche, diese innere Bewegung zu benennen. In deiner Sehnsucht will sich Gott offenbaren! Deine Sehnsucht ist ein Schlüssel zur Glückseligkeit.

Neben der Frage nach der Sehnsucht gibt es eine zweite wichtige Frage, mit der du der Quelle deiner Glückseligkeit auf die Spur kommst:

Was bringt dich in die Mitte?

Du kannst auch andersherum fragen: Was bringt dich an den Rand? Was holt dich aus deiner Mitte heraus? Wenn du das aufgeschrieben hast oder du es schon weißt, dann lass es los! Biblisch gesprochen: „Kehr um." Mach deine Mitte in (Gottes) Glückseligkeit fest. Lebe aus dieser glückseligen Stille heraus, jeden Moment im Hier und Jetzt. Aus dieser Mitte kannst du planen und deine Ziele und Wünsche festlegen. Beides geht: Glückselig sein *und* zu neuen Ufern aufbrechen.

Die Frage ist: Was ist wichtig? Hier geht es darum, das Zentrale vom Peripheren zu trennen. Oder anders gesagt: das, was langfristig und aus der Tiefe heraus glückselig macht, von dem, was dich davon abhält, zu trennen. Die Quelle der Glückseligkeit liegt in uns. Unsere Sinne führen uns jedoch ständig nach außen. Sie versprechen uns zwar auch Glücksgefühle, aber diese halten nicht lange an. Wir wollen mehr als das, mehr als eine kurzfristige Befriedigung. Wir wollen unser Leben designen, ein Leben mit der Überschrift: *Mein glückseliges Leben.*

Der Schatz liegt in dir

In Krakau lebte vor Zeiten ein armer Schneider, der hieß Eisik. Eisik träumte eines Nachts, er solle nach Prag wandern, und dort, an der Brücke über der Moldau, solle er graben, dann würde er einen Schatz finden. Weil er das dreimal hintereinander träumte, packte er das kleine Bündel seiner Habseligkeiten und wanderte los. In Prag, an der berühmten Brücke mit ihren Stufen links und rechts und der goldenen Burg auf der anderen Seite des Stromes, sah er sofort, dass er hier doch unmöglich graben könne. Denn dort herrschte auch vor zwei Jahrhunderten, als diese Geschichte spielte, reger Verkehr. Kaufleute zogen mit ihren Wagen, Hausfrauen mit Körben im Arm, Bauern mit Früchten und mit Gemüse über die Brücke, und an beiden Enden wachte ein Hauptmann mit seiner Garde.

„Was würden die Leute sagen, wenn ich hier zu graben anfinge?", musste sich Eisik fragen. Weil er nun aber den weiten Weg von Krakau nach Prag gewandert war, kam er jeden Tag an die Brücke und überlegte: „Wo mag denn mein Schatz liegen? Gesetzt den Fall, ich könnte hier graben, wo würde ich das tun?" Allmählich fiel das der Wache auf. Schnell war Eisik eingestuft als verdächtiges Subjekt. Eines Tages herrschte der Hauptmann den Schneider an: „Was treibst du dich hier herum? Wir beobachten dich schon tagelang. Scher dich gefälligst weg!" Darauf erzählte Eisik seinen Traum. Der Hauptmann lachte: „Wo kämen wir hin, wenn wir Träumen trauen würden? Mir zum Beispiel träumt nun schon tagelang, ich solle nach Krakau wandern und dort unter dem Ofen eines alten Juden graben, ich würde dann einen Schatz finden." Eisik verneigte sich tief, bedankte sich, wanderte zurück nach Krakau, nahm die Steine unter seinem Ofen fort, grub dort und fand den Schatz. Später, als Eisik der berühmte und heilige Rabbi Eisik des Chassidismus geworden war, erzählte er oft diese Geschichte, und jedes Mal, wenn er das tat, fügte er an: „Grab nicht woanders, grab' bei dir."

Der Schatz ist die Quelle der Glückseligkeit. Glückseligkeit kann nicht außerhalb von dir irgendwo anders liegen. Das, wonach du suchst, trägst du bereits in dir. Wenn du präsent bist, diesen Augenblick jetzt gewahr wirst, dann sprudelt die Glückseligkeit aus dir heraus.

Was in dir schlummert, zeigt dir deine Sehnsucht, deine Leidenschaft oder dein Können. Es ist dein Schatz. Wir sind sieben Milliarden Menschen und haben sieben Milliarden verschiedene Schätze in uns. Vielleicht hast du einen großen Schatz aus Liebe in dir, der fließen möchte; oder du hast Weisheit in dir, die darauf wartet, geteilt zu werden. Vielleicht bist du stark und mutig und sehnst dich danach, andere anzuführen. Oder du hast ein Auge für Ästhetik und kannst dir nichts Besseres vorstellen, als die Welt um dich herum schöner zu machen. Alles kann ein Schatz sein.

Was sind meine Schätze?

2.5 Eine Entscheidung treffen

Die meisten Menschen planen ihren Urlaub besser und mit sehr viel mehr Leidenschaft als ihr Leben. Wie viele Dinge laufen gewohnheitsmäßig ab! Wir funktionieren einfach. Wie bei einer Schallplatte, auf der die Nadel des Plattenspielers täglich die gleiche Rille entlangläuft. Für manches haben wir uns irgendwann einmal entschieden und nie wieder hinterfragt, anderes wurde uns aufgedrückt, ohne dass wir uns freiwillig gemeldet hätten, und manches davon haben wir nur deshalb angenommen, weil es andere von uns erwartet haben. Das Wenigste in unserem Alltag tun wir deshalb, weil wir es gern tun möchten, weil es uns mit Freude erfüllt.

Uns Menschen ist die Freiheit geschenkt – die Freiheit, Entscheidungen zu treffen. Das ist eines der größten Geschenke. Nur leider benutzen wir diese Freiheit viel zu selten. Ich meine damit nicht die kleinen alltäglichen Entscheidungen wie zum Beispiel den Belag auf dem Frühstücksbrot. Und noch viel weniger meine ich die vermeintliche Freiheit, sich eine Pommes-Currywurst zu genehmigen, dazu ein Bier zu trinken und im Anschluss eine Zigarette anzuzünden. Diese Entscheidungen haben nichts mit Freiheit zu tun, im Gegenteil: Sie sind ein Zeichen der Abhängigkeit. Es sind Suchtmechanismen. Wenn du von diesen unbeeinflusst von deiner Entscheidungsfreiheit Gebrauch machen würdest, würdest du auf krankmachendes Fastfood genauso verzichten wie auf Alkohol, übertriebenen Medienkonsum oder Zigaretten. Weil dir absolut klar ist, wie schädlich diese Dinge für deinen gesamten Organismus sind.

Der nächste Schritt auf dem Weg in die Glückseligkeit ist folgender: Wenn du herausgefunden hast, was deine Sehnsucht ist und was dich in die Mitte bringt, musst du eine Entscheidung treffen. Entscheidungen sind die *tools*, die Werkzeuge, mit denen du deinem Leben eine Richtung gibst, mit denen du dein Leben *designst.* Es sind sehr mächtige Instrumente.

Du bist jetzt schon ein ganzes Stück weiter als zu Beginn des Buchs. Du hast Glückseligkeit als Priorität für dein Leben gewählt. Du bist deiner Sehnsucht nähergekommen und kennst deine Mitte. Jetzt folgt die Umsetzung. Dabei musst du gar nicht jeden Schritt genau planen. Aber du solltest die grobe Richtung kennen – und losgehen. Ein klein wenig Aktion ist schon vonnöten: beten, visualisieren und dann *machen.* In dem Moment, in dem du eine Entscheidung triffst, unterstützt dich das ganze Universum.

Ich entscheide mich dafür ...

William Hutchison Murray war ein schottischer Bergsteiger und Schriftsteller.[22] Als britischer Soldat wurde er während des Ersten Weltkriegs im Nahen Osten und in Nordafrika eingesetzt. Bei einem Wüstenfeldzug geriet er in deutsche Kriegsgefangenschaft, die er in Italien verbrachte. Dort schrieb er ein Buch über das Klettern – auf das Einzige, was ihm zur Verfügung stand: Klopapier. Dieses Klopapier-Manuskript wurde von der Gestapo gefunden und vernichtet. Obwohl er am Ende seiner Kräfte war, fing er wieder von vorne an zu schreiben. Schließlich wurde das Buch veröffentlicht und verhalf dem Bergsport zu einer Renaissance. Murray gewann viele literarische Auszeichnungen. In seinem Buch über die schottische Himalaya-Expedition schrieb er 1951:

> „In Bezug auf alle Initiativ- (und Schöpfungsakte) gibt es eine elementare Wahrheit, deren Unkenntnis unzählige Ideen und großartige Pläne zunichtemacht: In dem Moment, in dem man entschlossen ist und sich definitiv verpflichtet, tritt auch die Vorsehung in Kraft. Alle möglichen Dinge geschehen, um einem zu helfen, was sonst nie geschehen wäre. Eine ganze Kettenreaktion von Umständen, die allerlei unvorhergesehene Ereignisse und Begegnungen und materielle Hilfe zu seinen Gunsten aufwerfen, von denen sich kein Mensch hätte träumen lassen. […] Was immer Sie tun oder träumen können, beginnen Sie damit. Kühnheit hat Genialität, Kraft und Magie in sich.“[23]

Jetzt, wo du deiner Sehnsucht nähergekommen bist, wo du ahnst, was dich in die Mitte bringt und wo du deine Schätze zu heben beginnst, ist es Zeit zu *fühlen*, wohin deine Lebensreise gehen soll. Wohin führt dich der Ruf deiner Seele? Wozu fühlst du dich berufen? Im nächsten Kapitel machen wir gemeinsam einen weiteren großen Schritt in Richtung Glückseligkeit.

Spirituelle Ebene (1)
Spiritualität, Seele, Einheit mit Gott, Schicksal

Mentale Ebene (2)
Berufung, Lebensglück, Gedankenkraft, Denk- & Verhaltensmuster, Wissen, Intuition, Intellekt, Geist, Persönlichkeit, Werte

Emotionale Ebene (3)
Glücksgefühle, Liebe, Seligkeit, Lebenslust, Gelassenheit, emotionale Reife, Angst, Trauer, Wut

Energetische Ebene (4)
Vitalität, Power, Energiehaushalt, Natur, Licht, Atem, Regenerationskraft, Ausdauer, Berufung

Körperliche Ebene (5)
Physischer Körper, Gesundheit, Bewegung, Körperwahrnehmung, Muskeln, Organe, Hormone, Nervensystem, Selbstheilungskräfte, Nahrung

3.

DIE EMOTIONALE EBENE

Gefühle verstehen und in die Glückseligkeit lenken

Fünf Tage Meditationstraining im *Snowdon National Park* lagen wieder einmal hinter mir. Fünf Tage, in denen sich mein Köper-Geist-Seele-System komplett neu zusammengesetzt hatte. Erst jetzt, da ich das Meditations-Center wieder verließ und in die „normale" Welt zurückkehrte, spürte ich den krassen Unterschied zwischen meinem Energiefeld, meinem Level an positiven Emotionen und dem der Mitreisenden am Flughafen. Ich kam mir so viel energetischer vor, voller Leben, voller Freude, voller Klarheit und Mitgefühl – wie ein Wesen von einem anderen Stern, das ein helles Strahlen und eine Quelle überschäumender Freude in sich trug.

Wenn man so etwas noch nicht erlebt hat, kann man es schwer nachvollziehen. Ich versuche einmal einen Vergleich: Stell dir vor, du wärst energetisch und emotional immer irgendwo zwischen -10 und 0. Ist alles super und du bist gut gelaunt, du fühlst dich richtig wohl, bist in Feierlaune, dann bist du bei 0: keine Probleme, keine Sorgen, keine Konflikte. Du fühlst dich pudelwohl. -10 ist das Level einer schweren Krise, wie zum Beispiel der Verlust des Arbeitsplatzes, eine zähe Krankheit oder der Tod eines geliebten Menschen. Auf dieser Skala bewegen wir uns tagein, tagaus, meistens irgendwo im Mittelfeld.

Nach fünf Tagen Meditation mit dem Fokus auf die göttliche Seele, Arbeit am eigenen Unterbewusstsein und täglich ca. ein bis zwei Stunden in der Natur durchbrach ich meine übliche emotionale Skala. Ich war nicht nur froh, nicht nur zufrieden und sorgenfrei. Es war auch nicht nur Freude oder sogar Feierlaune; es war so viel mehr als das. Ich kam über die 0 hinaus in den Plus-Bereich! Ich bekam nicht nur eine Ahnung, sondern ein ziemlich klares Gefühl von Glückseligkeit.

Das, was ich selbst und die meisten Menschen, die ich kenne, an positiven Gefühlen haben, wenn es ihnen richtig gut geht, liegt weit unter dem, was wir fühlen und erleben können, wenn wir echten Zugang zur emotionalen Ebene bekommen. Wir verlassen den üblichen Bereich zwischen -10 und 0 und tauchen in den Plus-Bereich ein. In dieser Sphäre lassen wir alle Empfindungen, die mit körperlichen Reaktionen und Hormonen zu tun haben, hinter uns. Auf der Ebene der Emotionen sprechen wir von einer anderen Ursache für das, was man fühlt. Wir spielen sozusagen in einer anderen Liga.

Das, was die meisten von uns an positiven Gefühlen haben, liegt weit unter dem, was wir fühlen und erleben können.

3.1 Die emotionale Ebene

Gefühle, so wie wir sie kennen und Mediziner sie erforschen, gehen immer einher mit körperlichen Reaktionen: Wenn wir Angst haben, spüren wir z. B. im Körper, wie sich etwas zuschnürt. Wenn wir begeistert sind, hüpft uns das Herz in der Brust, Wut lässt uns buchstäblich kochen. Ausgelöst werden diese Reaktionen durch Hormone, unsere Botenstoffe; Adrenalin, Serotonin und Dopamin zählen zu den bekanntesten. Aber wenn Gefühle biologisch erklärt werden können, stellt sich die Frage, wieso wir im *Kosha*-Modell neben der körperlichen eine eigene Ebene für die Emotionen brauchen.

Die Erklärung ist recht simpel: Weil für uns Menschen noch viel mehr möglich ist! Mehr, als unser Körper empfinden kann. Ja, es stimmt, der Nachteil ist, dass man keine Pillen produzieren kann, die Glückseligkeit bewirken – anders als Antidepressiva z. B., die den Serotoninspiegel beeinflussen. Wenn wir die körperliche Ebene überschreiten wollen, müssen wir mit anderen Methoden arbeiten. Messen können wir das heute allerdings sehr wohl. Es wurden tatsächlich schon Mönche ins MRT geschoben, bei denen die Glückswerte weit jenseits des normalen Glücksgefühls lagen. Vor allem, wenn sie während der Messung meditierten. Hier fängt unsere Wissenschaft an, ganz neue Welten zu entdecken – Welten, die in uns liegen. Aber nicht nur Mönche haben freien Zutritt zur Ebene der Emotionen. Wir alle kennen charismatische Persönlichkeiten, die ihr Umfeld mitreißen können. Solche Menschen haben von Natur aus eine sehr aktive Gefühlsebene. Die Frage ist, wie auch diejenigen unter uns, denen dieser natürliche Zugang fehlt, emotional ein anderes Energielevel erreichen können.

Vielleicht fragst du dich jetzt: Wozu überschäumende Wonne, wenn „glücklich und zufrieden" mir vollkommen genug ist? Ich versuche es einmal so zu erklären: Gefühle kommen und gehen in Wellen. Sie wechseln innerhalb von Stunden und Minuten. Wenn ich also das Niveau „glücklich und zufrieden" nicht nur in den absoluten Hochphasen erreiche, sondern dieses als den Normalzustand etablieren kann, dann verschieben sich auch die Tiefpunkte der Wellen nach oben. Enttäuschung, Selbstzweifel, depressive Verstimmungen verschwinden mit der Zeit, Zufriedenheit und innerer Friede sinken vom „Hoch" auf den Normalzustand, und Glückseligkeit und überschäumende Wonne werden zu den neuen Hochsituationen, die man nicht nur nach tagelanger Meditation erlebt, sondern mehrfach im Laufe eines Tages. Damit verbessern wir nicht nur unsere eigene Lebenssituation. So, wie wir von unserem Umfeld beeinflusst werden, beeinflussen wir auch die Menschen um uns herum. Schlechte Stimmung zieht uns alle runter – egal, ob am Arbeitsplatz, in der Familie, in der Partnerschaft oder in der Fußgängerzone. Genauso beeinflusst jeder von uns auch im Positiven sein Umfeld. Je positiver, friedvoller und seliger unsere Energie ist, desto mehr Menschen können wir mitreißen und begeistern. Dazu kommt, dass jede Form der körperlichen Freude – also die Art von Freude, die durch Hormone gesteuert ist – verhältnismäßig schnell vorübergeht, da die Glückshormone vom Körper bald wieder abgebaut werden. Wer es hingegen schafft, auf der emotionalen Ebene positive Energie aufzubauen, kann sich dauerhaft einer besseren, glückseligeren Verfassung erfreuen.

Je positiver, friedvoller und seliger unsere Energie, desto mehr Menschen können wir begeistern.

Wir sind in der Regel gewohnt, uns gut zu fühlen, wenn von außen etwas auf uns einwirkt: ein gutes Essen, Lob vom Chef, Anerkennung von Freunden, Zärtlichkeiten vom Partner oder Sonnenstunden im Park. Das äußere Glück gehört zum Konzept von Glückseligkeit zwar dazu, aber in diesem Kapitel geht es darum, das innere Empfinden von Freude, Dankbarkeit und Glückseligkeit anzuheben.

Im Sanskrit, der alten Sprache Indiens, wird die emotionale Ebene *Manomaya Kosha* genannt. Spirituelle Frauen und Männer nutzen ihre inneren Möglichkeiten, um ihr Gefühlsleben zu verändern – durch Gebete, Gedankenkontrolle, Visualisierungen, Atemübungen, aber auch durch Bewegungsabläufe und Positionen, die uns aus dem Yoga bekannt sind. Wenn wir uns aktiv darum bemühen, Freude und andere positive Gefühle zu etablieren, dürfen wir uns auf wunderbare Veränderungen in unserem Leben freuen. Mit unserer Freude stecken wir andere Menschen an, schaffen es, zu begeistern und mitzureißen. Beliebtheit und Erfolg gehen mit den positiven Gefühlen einher, weil andere gern in unserer Nähe sind, uns ihr Vertrauen schenken, uns unterstützen. Und das gibt uns noch mehr Grund, uns gut zu fühlen und zu strahlen. Ein Kreislauf der Glückseligkeit.

Doch noch etwas anderes erreichen wir durch die aktive Gestaltung unserer emotionalen Ebene: Wir gewinnen die Fähigkeit emotionaler Reife – Gefühle können sensibel wahrgenommen werden, ohne darin zu versinken, und Liebe, Mitgefühl oder Begeisterungsfähigkeit können bewusst angesteuert werden.

3.2 Wir sind mehr als unsere Gefühle

Die ersten und prägenden Lebensjahre verbringen wir in der Regel mit unseren Eltern. Ihre Verhaltensmuster, ihre Gewohnheiten prägen uns, ob wir wollen oder nicht. Diese Prägung ist so stark, dass oft schwer zu unterscheiden ist, wo unsere eigene Identität anfängt und die unserer Eltern aufhört. Die Verhaltensweisen, die wir übernehmen, können für den Rest des Lebens wirksam sein.

Es ist nicht leicht, die Konditionierungen unserer Kindheit so weit zu reflektieren, dass wir ein Verständnis dafür entwickeln, wer wir eigentlich sind. Manchmal geschieht dies durch Zufall in Extremsituationen oder Krisen, doch in den meisten Fällen bleibt es uns, wenn wir nicht selbst aktiv werden, verborgen. Kinder, die bei ängstlichen Eltern aufwachsen, werden selbst ängstlich. Kinder, die bei starken Eltern aufwachsen, werden selbst stark. Doch egal, wie stark die Prägung unserer Kindheit war: Darunter gibt es eine weitere Schicht von Verhaltensmustern, die wir (zumindest bei uns in Westeuropa) als „eigenständige Persönlichkeit“ bezeichnen.

Ein Teil dieser Persönlichkeit geht auf unsere DNA zurück – zum Beispiel, ob wir eher intro- oder extrovertiert sind. In Indien geht man davon aus, dass diese Verhaltensweisen aus früheren Inkarnationen stammen. Da diese Sicht wissenschaftlich nicht überprüfbar ist, beschränken wir uns hierzulande auf die Zeit während der Schwangerschaft und die ersten prägenden Jahre sowie das genetische Erbe. Jedoch hat auch in Westeuropa die Schulmedizin mittlerweile anerkannt, dass Auswirkungen von Familiendramen teilweise über Generationen hinweg nachweisbar sind. Wenn zum Beispiel der Urgroßvater im Ersten Weltkrieg gekämpft hat, dann kann es sein, dass noch die Enkel und Urenkel traumatisiert sind.

Egal, wie stark die Prägung unserer Kindheit war: Darunter liegt eine eigenständige Persönlichkeit.

Mein Fokus liegt jedoch nicht auf der Vergangenheit oder dem Versuch zu erklären, wieso uns dieses oder jenes psychologische Problem herausfordert. Die Frage, die für unsere gegenwärtige Glückseligkeit ausschlaggebend ist, lautet: Wie gehe ich damit um? Wie werde ich emotional reif? Wie werde ich hier und jetzt handlungsfähig und komme in Präsenz?

Ein Kleinkind lebt vollkommen im Augenblick, im Hier und Jetzt. Es ist einfach präsent, ohne den Istzustand infrage zu stellen. Ambitionen oder Sorgen spielen in diesem Alter keine Rolle. Die kindliche Unschuld ist vollkommen und rein. Diesen Schatz, den ein unschuldiges Kind besitzt, spricht Christus an: „Wenn ihr nicht umkehrt und werdet wie die Kinder, werdet ihr nicht in das Himmelreich hineinkommen".[24] Das Himmelreich ist der Zustand, den wir erfahren, wenn wir ganz im Hier und Jetzt sind, wenn wir überschäumen vor Glückseligkeit und erfahren dürfen, eins mit allem zu sein.

Mit dem Älterwerden erwachen aber auch beim Kind Wünsche und Sehnsüchte. In diesem Moment verliert es den unmittelbaren Kontakt zu seiner Seele und zum göttlichen Gefühl. Es spürt einen Mangel, ein Fehlen, eine Unvollkommenheit. Wir alle kennen dieses Gefühl: Wir werden unsicher, verlieren unser natürliches Selbstbewusstsein, brauchen mehr Sicherheit, weil unser Gott- und Urvertrauen nachgelassen hat. Wir sorgen uns und haben nicht mehr den Eindruck, in Fülle zu leben.

Aber auch als Kinder haben wir nicht ausschließlich selige Einheitserfahrungen, sondern machen die Erfahrung von Hilflosig- und Abhängigkeit – z. B., wenn ein Spielzeug kaputt geht oder dem eigenen Willen von den Eltern nicht nachgegeben wird. Das ist natürlich und gesund, es gehört zum Entwicklungsprozess dazu und hilft uns dabei, selbstständig zu werden. Doch wenn sich aus diesem Gefühl der Hilflosigkeit und Abhängigkeit keine Autonomie entwickelt, sie stattdessen als Erwachsener immer noch empfunden wird, sprechen wir von emotionaler Unreife.

Die Wahrheit ist, dass wir selbst wählen können, wie wir auf eine Situation reagieren. Es hängt von unserer mentalen Stärke und unserer emotionalen Reife ab, ob wir uns hilflos oder autark fühlen. Wir sind Wesen mit Bewusstsein und der Fähigkeit zu entscheiden; wir sind für uns selbst und unser Handeln verantwortlich. Reife entsteht durch einen selbst gewählten Prozess! Sie befähigt uns, Distanz zu unseren Gefühlen und Gedankenketten aufzubauen.

Überschäumen vor Glück, versinken in Trauer, vor Ärger überkochen oder gelähmt sein, bis über beide Ohren verliebt: Wir verfügen über einen schier endlosen Schatz an komplett unterschiedlichen und unterschiedlich starken Gefühlszuständen. Manche sind so heftig, dass sie uns einfach überwältigen; wie eine Welle können sie uns im schlimmsten Falle unter sich begraben. Sei es der Neid der Geschwister, die Rache des Ex-Partners, die Wut des Chefs oder die Depression der besten Freundin. Gefühle können uns im Griff haben und uns schaden. Die gute Nachricht ist: Genau wie unsere Gedanken können wir auch unsere Gefühle kontrollieren. Und zwar ganz exklusiv. Niemand sonst denkt oder fühlt für uns, fühlt für dich. Du willst glücklich sein? Sei glücklich! Entscheide dich für eine (der folgenden) Alternativen, wenn du keine Lust auf das Gedankenkarussell hast. Du kannst Sport machen, Musik hören, dich in eine Achtsamkeitsübung vertiefen, ganz bewusst fünf Minuten tief ein- und ausatmen und dabei innerlich bei jedem Atemzug bis vier zählen, du kannst dir eine geführte Meditation anhören, oder du lenkst die Energie deiner Gefühle mittels Gedanken und Atem in dein Herz und lässt dein Herz aus dieser Energie Herzenergie machen.

3.3 Zulassen, lernen, lenken

Gefühle sind mächtig – besonders dann, wenn sie mit einer Geschichte einhergehen. Die Bilder in unserem Kopf, die mit den Emotionen verbunden sind, sorgen dafür, dass unser Fokus ständig auf das Problem gerichtet ist und die damit verbundenen Gefühle noch verstärkt. Wenn sie hinter uns liegen, werden diese Kombinationen aus Geschichten und Emotionen zu dem, was wir als Erfahrung bezeichnen. In manchen Fällen tut uns diese Erfahrung gut, in anderen Fällen hindert sie uns daran, glücklich zu leben. Erfahrung ist eine Geschichte, die erstarrt ist und uns immer und immer wieder durch den Kopf kreist. Wie bei einer Schallplatte, in die sich eine Rille eingräbt, gräbt sich auch in unseren Kopf eine ebensolche Rille immer tiefer ein – jedes Mal, wenn wieder etwas passiert, was vermeintlich unsere Erfahrung bestätigt. Irgendwann können wir gar nicht mehr anders, als genau dieser Gedankenspur zu folgen.

Wir können uns hierbei von unseren Emotionen helfen lassen – besonders solchen, die bestimmte Erfahrungen begleiten. Vieles lässt sich aus der Vergangenheit lernen. Erfahrung ist etwas, das im Herzen aufbewahrt wird, denn die Gefühle, die wir in der Situation durchlebt haben, hinterlassen ihre Spuren. Das emotionale Gedächtnis ist viel stärker als das kognitive. Dank unserer Erinnerungen können wir das Erfahrene nochmals anschauen. Welchen Nachgeschmack hat dieses oder jenes Ereignis? Und warum? Wir können dabei lernen, Gefühle möglichst genau zu benennen. Das will geübt sein!

Benenne, was du fühlst.
Wo berührst du Glückseligkeit? In welchen Momenten? Das, was du jetzt gerade tust, überschreitet den Bereich deines Intellekts. Du nutzt sowohl deine emotionale als auch deine spirituelle Intelligenz.

Wenn du deine Gefühle benennen kannst, dann gelingt es dir auch, sie auseinanderzudividieren. Gottes Geist von anderen Geistern unterscheiden zu können, ist eine Möglichkeit, sich innerlich zur Quelle der Glückseligkeit führen zu lassen. Bei allem, was du hörst, stell dir die Frage: Höre ich da die Stimme Gottes oder doch nur meine eigene? Komm dir selbst auf die Spur!

Was wäre, wenn wir diesen Geschichten einmal auf den Grund gehen würden? Wenn wir sie wie eine Zwiebel Schale für Schale häuten würden? Was bliebe zum Schluss übrig? Vielleicht stoßen wir am Ende auf einen Kern, ein Erlebnis weit in der Vergangenheit, um das sich mit den Jahren immer mehr Schichten gebildet haben. Es kann helfen, sich diesen Kern anzuschauen, um zu begreifen, worauf unsere heutigen Ansichten aufbauen.

Ein Leben lang haben wir selbst Zwiebelschicht für Zwiebelschicht unsere eigene Geschichte aufgebaut, verteidigt, erklärt und wieder und wieder durchlebt. Doch wenn wir unsere Freunde, unsere Geschwister oder Eltern fragen, haben diese oft ganz andere Erinnerungen als wir. Unsere Biografie ist ein Narrativ, etwas, das wir erzählen und das sich mit der Zeit, über die Jahre hinweg, verändert – oft, ohne dass wir es beabsichtigen. Unsere Erinnerung ist lebendig. Und nicht nur die Geschichten über uns, sondern auch über die anderen, über das Leben, sind angereichert mit Gefühlen.

Wenn wir selbst diese Geschichte erzählen, haben wir die Wahl, sie zu gestalten. Wir sind der Autor unseres eigenen Lebens. Wenn sie nicht gut ist, wenn du Schlimmes in der Vergangenheit erlebt hast, kannst du deine Geschichte verändern. Beginne damit, dir eine neue Geschichte zu erzählen. Egal, wie groß deine „Zwiebel“ geworden ist, wie tief sich eine bestimmte Gedankenspur eingegraben hat: Du kannst sie verändern. Du kannst heute damit anfangen, deine Geschichte anders zu erzählen. Und zwar so, dass sie zu dir passt. Dass sie dir gefällt. Dass sie dich glücklich macht. Ab heute.

3.4 Die Wunden mit Würde tragen

Das Glückseligkeitsprinzip schließt die Begegnung mit der eigenen Wunde mit ein. Sie ist ein Schlüssel zu echter, gereifter Glückseligkeit. Jeder von uns hat eine Wunde. Damit ist diese eine, tiefe Grundverletzung unserer Seele gemeint. Sie hat unser Leben geprägt und tut das auch heute noch. Jeder von uns ist verletzt, jede Frau und jeder Mann. Es gibt keine Ausnahmen. Wer sich umschaut, wird schnell feststellen, dass es überall verletzte und verwundete Menschen gibt.[25]

Die Wunde ist ein Urprinzip. Sie ist verknüpft mit dem Glückseligkeitsprinzip und will umarmt werden. Das Prinzip der Wunde begegnet uns überall in der Natur. Wenn du aufmerksam durch die Natur gehst, siehst du es. So wie die ganze Schöpfung auf dem Glückseligkeitsprinzip basiert, so ist sie gleichzeitig verwundet. Sich der eigenen Wunde zu stellen, befähigt uns überhaupt erst zu einer echten, tiefen Glückseligkeit. Wie oben gesagt, dringt durch die Wunde die Seele und mit ihr die Glückseligkeit in unser bewusstes Fühlen und Denken ein. Meistens versuchen wir jedoch genau das Gegenteil: Wir laufen weg, versuchen, unsere eigenen Verletzungen zu verbergen. Viele Menschen sind sich ihrer eigenen Wunde nicht einmal bewusst, so sehr verdrängen, bagatellisieren oder rationalisieren sie sie. Nicht mit böser Absicht, sondern weil wir alle versuchen, vor anderen und uns selbst gut dazustehen.

Es gibt viele Wege, so zu tun, als sei alles okay. Der eine lächelt ständig, auch wenn es völlig fehl am Platz ist, eine andere zieht sich zurück, wieder jemand will immer gefallen oder hält sich für den Klügsten. Walter Mauckner, der Gründer des Zentrums für initiatisch-phänomenologische Arbeit und Therapie, nennt das Persönlichkeitsstruktur.[26] Wir reagieren nach einem bestimmten Muster, um den alten Schmerz nicht mehr fühlen zu müssen – was einerseits eine Stärke von uns ist und uns hilft, mit dem Leben klarzukommen, jedoch nur ein Zwischenschritt zu einem erfüllten Leben sein kann.

Wahre Glückseligkeit bedeutet auch, sich der eigenen Wunde zu stellen und dem eigenen Verletztsein tief in die Augen zu schauen. Nimm dir Zeit, deiner Wunde zu begegnen. Vielleicht erscheint sie dir tief, grenzenlos und unfassbar schmerzhaft oder schambesetzt. Vielleicht fühlst du im Kontakt mit deiner Verletzung Wut und Trauer oder auch Angst. Es geht darum zu fühlen, nicht zu analysieren. Analysieren ist auch eine Form der Rationalisierung und damit Verdrängung. Diese Gefühle sind die *Reaktionen* auf deine Wunde; sie sind nicht die Wunde selbst. Diese liegt darunter verborgen. Um Glückseligkeit zu erfahren, sind wir eingeladen, sie aufzudecken und anzuschauen. Wir dürfen sie wahrnehmen, erkennen und als Teil von uns annehmen.

Ja, es braucht Mut, sich der eigenen Verletzung zu stellen. Aber gleichzeitig sprudelt hier eine Quelle enormer Kraft! Die Helden der alten Mythen waren stets verwundet. Sie konnten ihr Ziel nur erreichen, wenn sie mit den Persönlichkeitsstrukturen, die sie um ihre Wunde herum entwickelt hatten, zunächst scheiterten. Sie scheiterten, weil sie ihre Verletzung nicht akzeptierten. Erst, wenn sie sich ihrer Wunde stellten, sie annahmen und akzeptierten, erlangten sie ihre volle Kraft. Die Antike erzählt davon, und auch der Geist unserer eigenen Kultur wurde durch einen verletzten Mann geprägt, der durch die volle Initiation seiner Wunde gegangen ist: Jesus von Nazareth.

Im Schmerz, in der Verletzung und der Narbe, die sie hinterlässt, liegt ein tiefes Mysterium. Wenn du deine eigene Wunde annehmen kannst, erwächst daraus enorme Kraft. Die meisten von uns wollen ein schnelles Instant-Glück und verwechseln Glückseligkeit mit einem Hochgefühl auf Knopfdruck. Die Hingabe an die eigenen Verletzungen und das Tragen der eigenen Wunde mit Würde bewirken die Form von Auferstehung, die uns zu einem Glückseligkeitsgefühl aus der Tiefe heraus befähigt.

Glückselig werden wir, wenn wir heil sind. Heil bedeutet ganz. Und ganz können wir nur werden, wenn wir im Kontakt mit unserer Verletzung sind, ohne uns darin zu baden oder darin zu versinken. Wer seine eigene Wunde mit Würde tragen kann, der entwickelt auch Mitgefühl. Es fällt dann viel leichter, auch anderen gegenüber freundlich und mitfühlend zu sein. Wir werden fähig zu dienen und anderen ein Stück Glück zu schenken. So wandelt sich die Wunde in ein Tor, das zum eigenen Wesen führt, ein Tor zu Lebendigkeit, Glück und Seligkeit. „Nicht durch unsere glorreichen Siege und Erfolge, sondern durch das kleine Loch der Wunde dringt das gewaltige Reich der Seele ein.“, schrieb der Schriftsteller Robert Bly.[27] Bly wurde durch sein 1990 erschienenes Buch *Iron John* (deutscher Titel: *Eisenhans – ein Buch über Männer*) zum Protagonisten der amerikanischen Männerbewegung. Er war ein Kenner der männlichen Seele und suchte in alten Mythen und Sagen nach einer balancierten Männlichkeit.

Wenn du deine eigene Wunde annehmen kannst, erwächst daraus enorme Kraft.

Wer seine Wunde annimmt, wird erwachsen. Wer versteht, dass er verletzt ist und verletzlich bleibt, braucht keinen Panzer mehr, muss andere nicht mehr durch Präventivschläge abwehren und kann vor allem Nähe zulassen. Nähe ist die Voraussetzung für jede erfüllende Beziehung. Sobald wir unsere eigene Wunde angenommen haben und sie mit Würde tragen, machen wir keinen anderen mehr dafür verantwortlich. Sie gehört zu uns. Punkt. Wir brauchen unsere Wunde, um zu reifen, um zu wachsen und um echte Glückseligkeit erfahren zu können, die weit jenseits von dem liegt, was wir allgemein für erstrebenswert halten. Wer seine Verletzung angenommen hat, braucht nicht mehr jammern, betteln oder fordern, was ihr oder ihm angeblich zustünde. Tut die Wunde weh? Ja, sie schmerzt. Aber sie bringt uns auch in Kontakt mit unserer Seele, mit echter Liebe und wahrer Freundschaft. Ich habe erlebt, wie aus Menschen, die absolut oberflächlich und unnahbar waren, mit der Zeit echte Freunde wurden.

Die Wunde liegt zwischen uns und unserer Seele, dem Teil von uns, der unverletzbar ist. Nur *weil* wir spüren, dass und wo wir verletzt wurden, spüren wir auch, wo wir es eben nicht sind und wo uns niemand verletzen kann. Unsere Seele – damit meine ich den spirituellen unverletzlichen Wesenskern – ist unantastbar. Sie kann weder verbrennen noch erschossen werden oder an einer Krankheit sterben. Sie ist Teil der ewigen glückseligen Gegenwart des Höchsten/der Gütigen. Wer das erfährt, kann seine schmerzhafte Gefühlssuppe aus Neid, Angst, Wut, Scham und Trauer auskippen, anstatt sie immer wieder aufzuwärmen. Wer seine Wunde annimmt, kann auferstehen.

3.5 Präsenz – die Allzweckwaffe gegen emotionale Überschwemmungen

Wir erleben unsere Geschichten nicht nur auf mentaler und emotionaler Ebene, sondern auch im Körper. Besonders gut beobachten lässt sich das, wenn wir uns einen Film im Kino ansehen. Glückshormone oder Stresshormone werden je nach Szene ausgeschüttet, wir zucken zusammen, fangen schallend an zu lachen, werden sentimental. Nach einem Film wird so mancher gerne mal zehn Zentimeter größer und schreitet wie der Star der Geschichte mit lässigem Gang aus dem Kino. Andere fühlen mit der Filmheldin, die die romantische Liebe gefunden hat, und schmiegen sich aufgewühlt an ihren Partner.

Gefühle beeinflussen unseren Körper. Negative Gefühle, auch wenn manche das nach wie vor bestreiten, können uns körperlich stark beeinträchtigen und sogar chronische Krankheiten auslösen. Nahezu jede Krankheit lässt sich auf ein negatives Gefühls-Gedanken-Bündel zurückführen. Deswegen ist es umso wichtiger, unsere Gefühle genauso wie unsere Gedanken zu lenken. Sonst können sie uns wie eine Welle unter sich begraben und uns die Luft zum Atmen nehmen.

Präsent sein bedeutet, dein Bewusstsein ganz an den Ort zu holen, an dem du dich gerade aufhältst. Deine Gedanken können sich völlig frei in der Vergangenheit, in der Zukunft und an jeden nur denkbaren Ort bewegen. Wenn sich unsere Gedanken auf die Reise machen, verlassen wir das Hier und Jetzt. Wenn sie z. B. in die Vergangenheit reisen, haben uns die Gefühle, die wir damals in der Situation hatten, direkt wieder im Griff. Trauer oder Angst, Scham oder Schuld machen sich in uns breit und lassen uns das Vergangene noch einmal durchleiden. Oder wir machen uns heute schon verrückt mit Sorgen um die Zukunft. Wenn uns unsere Gefühle in solchen Situationen zu überwältigen drohen, können wir unseren Fokus bewusst auf das Hier und Jetzt, den unmittelbaren Moment lenken.

Stell dir vor, du erinnerst dich an den Streit gestern mit deiner Kollegin. Wut und Ärger steigen in dir auf und vermiesen dir erneut den Tag, obwohl heute doch gar nichts Derartiges passiert ist. Wie wäre es, wenn du deine Aufmerksamkeit auf deine Nasenlöcher lenkst? Nimm wahr, wie die Luft die Innenwände deiner Nasenlöcher entlangstreicht. Kannst du fühlen, wie kühle Luft hineineinströmt und warme Luft ausströmt?

Bleib noch eine Weile in dieser Übung. Du wirst merken, wie sich deine Wut und dein Ärger über die unschöne Situation am Vortrag wie von selbst verflüchtigt haben.

Wie du siehst, kann dein Gedanken- und Gefühlskarussell dich rausholen aus der Präsenz und reinbringen in die Vergangenheit oder die Zukunft. Anstatt morgens den frisch aufgebrühten Kaffee oder Tee zu genießen, kreisen unsere Gedanken schon um die Herausforderungen des bevorstehenden Tages – und auf einmal sitzt die Vorgesetzte mit am Frühstückstisch. Natürlich nur bildlich gesprochen! Wir holen sie durch unsere Gedanken in einen Moment, der ihr gar nicht gehört, sondern den wir genießen sollten. Damit nehmen wir uns jetzt schon kostbare positive Energie, anstatt aufzutanken und uns für den Tag zu rüsten.

Doch warum schweifen unsere Gedanken so leicht in die Vergangenheit und erinnern uns an Situationen, die unschön waren? Auch hier ist es wieder unser Geist, der nicht von den Problemen lassen kann. Aber egal, wie sehr er sich anstrengt: Das, was schiefgelaufen ist, lässt sich nicht mehr ändern. Aber dadurch, dass der Geist sich die Dinge immer wieder holt, uns vor Augen führt und unsere Aufmerksamkeit auf das Problem lenkt, holt er es wieder in die Gegenwart. Der Tennisspieler, der gerade zwei Sätze verloren hat, sorgt sich, dass er auch den nächsten Aufschlag verpatzt. Unsicherheit ergreift ihn, das Selbstvertrauen sinkt, und natürlich passiert genau das, wovor er Angst hat. Eine Frau, die schon zwei gescheiterte Beziehungen hinter sich hat, befürchtet, dass auch der Mann vom nächsten Date nicht der Richtige sein wird. Sie erinnert sich an alles, was bei den anderen nicht gestimmt hat, und nimmt das ganze Misstrauen mit ins nächste Date. Sie wirkt angespannt, vielleicht sogar kühl, und die Verabredung wird alles andere als angenehm. So funktionieren Angst und Sorgen: Wir kehren zurück in die

Vergangenheit und projizieren das erfahrene Unglück in die Zukunft. Dummerweise programmieren wir mit dieser Sorge eine Zukunft, in der sich das Vergangene wiederholt – und zwar aufgrund unserer eigenen negativen Ausstrahlung.

Glückseligkeits-Tipp: Komme ins Hier und Jetzt
Verweile in diesem Augenblick. Sei ganz hier, ganz bei dir und ganz an deinem Ort. Nimm dir fünf Minuten Zeit. Richte deine Sinne auf dich, deine Umgebung und die Gegenwart. Nimm wahr, was wirklich ist. Sei präsent!

Präsenz ist die Allzweckwaffe gegen emotionale Überschwemmungen. Egal, ob du von Nachrichten oder persönlichen Ereignissen überrannt wirst, Präsenz – also die Kunst, ganz im Hier und Jetzt zu verweilen – bringt dir wieder festen Boden unter die Füße. Gleichzeitig ist sie ein direkter Weg zu überschäumender Glückseligkeit, denn Präsenz öffnet dir die Tür zu deiner spirituellen Ebene, zu deinem höheren Selbst. Dein Geist wird ruhig und du kannst Kontakt mit deiner Seele aufnehmen. Eine tiefe Freude macht sich breit. Das größte Geschenk, das Präsenz dir machen kann, ist das Gefühl der Einheit mit dem Göttlichen oder dem Universum. Wenn du es schaffst, nicht nur für ein paar Minuten präsent zu sein, sondern z. B. während einer Meditation für zwanzig oder vierzig Minuten, wirst du die wunderbaren Früchte des Seins im Hier und Jetzt ernten.

Präsenz bedeutet, unser Bewusstsein zu einhundert Prozent an den Ort zu holen, an dem wir uns in diesem Moment aufhalten. Es geht darum, den Ort, an dem wir gerade stehen, mit all unseren Sinnen wahrzunehmen, Kontakt aufzunehmen mit dem, was um uns herum ist, den Möbeln, den Wänden oder der Natur. Und zu uns selbst: Komm in Kontakt mit dir, beobachte deinen Atem, versuche, deinen Herzschlag zu spüren. Lausche auf die Geräusche um dich herum.

In dem Moment, in dem wir etwas anschauen, treten wir mit diesem Gegenstand oder dieser Umgebung, mit diesem Menschen in Kontakt. Sobald unser Blick weiterwandert, verlieren wir einen Großteil dieses Kontakts. Das Gleiche geschieht auch, wenn unsere Gedanken unsere Wahrnehmung übertönen. In dem Moment, in dem wir aufhören, präsent zu sein, aufmerksam wahrzunehmen, verlieren wir den Kontakt zu dem, was uns umgibt. Präsenz bedeutet, in Kontakt zu bleiben.

Das Gleiche gilt für unsere zwischenmenschlichen Beziehungen. Viele Menschen leben nebeneinanderher, jeder ist in seinem eigenen Gedankenkarussell gefangen. Selbst wenn wir etwas zusammen unternehmen oder gemeinsam am Tisch sitzen, sind wir meist kaum in Kontakt miteinander, sondern beschäftigt mit unseren eigenen Gedanken. Mit Menschen in Kontakt zu sein, bedeutet wahrzunehmen, zu hören, zu sehen. Nichts wird sich positiver auf die Qualität deiner Freundschaften auswirken und auf die Qualität deiner Beziehungen, als wenn du wirklich präsent bist.

3.6 Emotionale Reife

> *„Gott, gib mir die Gelassenheit,*
> *Dinge hinzunehmen, die ich nicht ändern kann,*
> *den Mut, Dinge zu ändern, die ich ändern kann,*
> *und die Weisheit, das eine vom anderen zu*
> *unterscheiden."*
>
> *Reinhold Niebuhr*

Drei Schritte sind wichtig, um im Leben auch dann nicht aus der Bahn geworfen zu werden, wenn es mal stürmisch wird: Um emotional reifer zu werden, müssen wir erst einmal die Dinge so akzeptieren, wie sie sind. Um ein emotional gereiftes Denken zu erlangen, sind weitere Eigenschaften notwendig: Unterscheidungsfähigkeit und Objektivität sowie Nachsichtigkeit und Gewaltfreiheit. Um emotional proaktiv werden zu können, brauchen wir dann schließlich noch emotionale Objektivität. „Es ist, wie es ist. Es kommt, wie es kommt. Und was weg ist, ist weg." – Als Rheinländer bekommt man diese drei Grundwahrheiten mit der Muttermilch eingeflößt. Kein Wunder also, dass die meisten von uns recht entspannte Persönlichkeiten sind. Im Kern lässt es sich in einem einzigen Wort zusammenfassen: Annahme. Das Leben besteht aus Veränderung, aus einem ständigen Wechsel. Manchmal bekommen wir etwas, manchmal verlieren wir etwas. Nichts ist für die Ewigkeit. Wenn wir annehmen, was ist und wie es ist, wenn wir akzeptieren und aufhören, uns darüber zu ärgern, machen wir den Weg frei für eine heitere Gelassenheit.

In der Regel gelingt es uns problemlos, Veränderung anzunehmen, wenn sich daraus ein Vorteil für uns ergibt. Doch sobald die Entwicklung ungewiss ist oder wir gegen unseren

Willen gezwungen werden, uns oder unsere Gewohnheiten zu ändern, reagieren mit Angst, Wut und Trauer. Umso wichtiger ist es, nicht das vierte Gesetz des Rheinländers aus den Augen zu verlieren: „Es ist noch immer gut gegangen." Diese Gelassenheit gegenüber den Wechselfällen des Lebens ist die Basis, um emotionale Reife zu erlangen. Hier stimmen die Geistlichen der Weltreligionen mit den Rheinländern überein: Das Leben ist und bleibt ein Tanz zwischen Freude und Leid. Beides gehört dazu! Zwei Schritte vor, einer zurück und dann wieder zwei Schritte vor. Keine Tänzerin und kein Tänzer ärgert sich, wenn es einen Schritt zurück geht. Sie tanzen einfach weiter.

Unterscheidung der Geister

Emotionale Menschen reagieren oft spontan. Sie bedienen sich der eigenen Gefühle intuitiv als Kompass für ihr Verhalten. Doch gerade solche Typen, die besonders empfindlich sind, sind gut beraten, verzögert zu reagieren, um sich nicht grundlos in Schwierigkeiten zu bringen. Es kann ein wichtiger Hinweis sein, wenn wir uns bereits beim Gedanken daran, etwas Bestimmtes zu tun oder anzustreben, glücklich fühlen. Genauso sollten wir wachsam sein und unserem Bauchgefühl vertrauen, wenn wir uns bei der Vorstellung schlecht fühlen. Und dennoch: Unsere Intuition liegt auf der mentalen Ebene! Um sie anzufragen, um herauszufinden, was sich hinter unserem Bauchgefühl versteckt, ist es auf der emotionalen Ebene wichtig, einen Schritt zurückzutreten, bevor wir von unseren Gefühlen überwältigt werden.

Besonders emotional reagieren wir auf das, was andere Menschen an uns herantragen – sei es durch Kommentare, Wertungen, Meinungen oder deren Verhalten. Wenn wir unsere eigenen Gefühle nicht zu lenken gelernt haben, fühlen wir uns schnell angegriffen, beziehen Äußerungen und Handlungen auf uns, können schlichtweg keine Distanz halten. Menschen hingegen, die fähig sind, ihre Gefühle zu lenken, lassen sich weniger leicht triggern, können nachsichtig und großmütig reagieren. Emotional gereifte Persönlichkeiten werden zu einem Fels in der Brandung für andere. Und ihre Ruhe und Güte, unabhängig davon, was andere tun, übertragen sich und werden im anderen reflektiert.

So lange eine Situation uns nicht betrifft, können wir sehr objektiv sein. Wir sind in der Lage, ethisch und politisch korrekt zu denken, neutral beide Seiten eines Arguments zu beleuchten, Vor- und Nachteile gegeneinander abzuwägen. Das ändert sich jedoch schnell, sobald es um uns selbst und unsere persönlichen Belange geht. Wir sind so lange objektiv, wie unsere persönlichen Vorlieben und Abneigungen nicht betroffen sind. Widerspricht das nicht einem Leben in Glückseligkeit?

Wenn wir glückselig sein wollen, müssen wir bereit sein, jeden Moment als Geschenk des Lebens wahrzunehmen – die goldene Mittagssonne genauso wie die kühle Nacht, die Freude über einen zärtlichen Kuss genauso wie einen Mückenstich. Glückseligkeit bedeutet, durch Leid und Freude zu tanzen und jeden Schritt präsent zu erleben. Alles, was wir erleben, ist das Geschenk des Lebens. Jeder Film, jeder Roman, jede große Geschichte erzählt von Herausforderungen, einem Gegner, Krisen. Aber am Ende kehrt der Held heim und ist reifer geworden. Im Film genießen wir jeden Moment, sowohl die Kämpfe als auch die romantischen Szenen. Nur durch das Auf und Ab, nur durch das Spiel von Spannung und Entspannung gewinnt eine Geschichte ihren Reiz. Das Gleiche gilt für dein Leben. Sei präsent, genieße den Moment, lebe glückselig!

3.7 Liebe ist der leichteste Weg zur Glückseligkeit

Es gab eine Phase in meinem Leben, da hatte ich meine tiefsten Krisen. Meine Ehe zerbrach, ich hatte meinen Job verloren, ich musste mein Haus verkaufen, und meine Kinder sah ich nur noch selten. Ich ließ alles los, notgedrungen. Ich lebte für eine Weile in einem Studentenzimmer und schlief auf einer Matratze, der Lattenrost stand auf Backsteinen, die ich beim Sperrmüll gefunden hatte. Aber eine Sache war mir klar: „Krise" kommt von *krisis*; es ist Griechisch und bedeutet Entscheidung. Das Leben ist Wandel, und ich musste jetzt eine Entscheidung treffen. Wenn ich mein Leben wieder aufbauen wollte, würde ich die Dinge diesmal anders machen müssen.

Was ist die Basis von einem glücklichen Leben, fragte ich mich? Wofür lohnt es sich zu leben? Was ist mir persönlich am wichtigsten? Was nützen mir ein guter Job und ein großes Haus in der Natur, wenn die Liebe in meiner Partnerschaft fehlt? – Ich traf eine Entscheidung: Beim Wiederaufbau meines Lebens wollte ich darauf achten, dass Liebe die Basis bildet. Ich beschloss, all meine Gedanken und all meine emotionale Energie auf den Aufbau einer tragfähigen, liebevollen und leidenschaftlichen Partnerschaft zu richten. Hinterher könnte ich mich dann immer noch um den Rest kümmern.

Ich wollte so etwas wie göttliche Liebe in meinem Leben manifestieren. Ich wollte diese Liebe aber auch anfassen können, meinen Arm unter ihren Kopf legen und mit meinen Lippen ihre Lippen berühren können. Ich fragte mich, wie meine zukünftige Liebe wohl aussehen sollte. Was für Eigenschaften sollte sie haben? Was war mir wichtig für eine leidenschaftliche, glückselige und von Liebe getragene Beziehung? Ich machte mir in meinem Wunschtagebuch ein paar konkrete Notizen.

Bei dem Punkt „Sie sollte wirklich lieben können" dachte ich daran, dass ich das ebenso können sollte. Lieben ist Arbeit. Sie kommt nicht von selbst, so viel war mir nach der Trennung von meiner Ehefrau bewusst. Vor allem aber fand ich es nur fair. Wenn ich mir schon die „ideale Partnerin" wünschte, die in jeder Hinsicht zu mir passte, dann hätte meine Zukünftige sicher gerne einen authentischen, gereiften, leidenschaftlichen und liebevollen Mann, der über ein ausreichendes Maß an Beziehungsfähigkeit verfügt. Nach einer gescheiterten Ehe war mir glasklar: Lieben ist eine Kunst, und Beziehungsfähigkeit will gelernt werden.

Ich lernte. Ich lernte zu lieben und liebte aus ganzem Herzen. Ich sprach mit gereiften und erfahrenen Kollegen, ich suchte den Kontakt und die Freundschaft zu anderen Männern und lernte dadurch viel über Männer, Frauen und Beziehungsdramen und wie man sie löst. Und ich praktizierte besonders die Yoga-Übungen, die das Herzchakra öffnen. Dabei machte ich eine Entdeckung: Liebe ist der leichteste Weg zur Glückseligkeit. Liebe geht durch alle fünf Ebenen des Menschseins hindurch. Ich sage nicht, dass Liebe leicht ist; wenigstens fällt es den meisten Menschen, die mir begegnet sind, nicht leicht, aus ganzem Herzen zu lieben. Jeder von uns trägt ein Bündel an Prägungen und Erfahrungen, die uns gegenüber der Liebe misstrauisch machen. Aber wir haben es in der Hand, jeden Augenblick zu reflektieren, zu fühlen und uns immer wieder in die Liebe einzuschwingen. Das Wichtigste sind auch hier die Entscheidung und der Wille, die Liebe in das eigene Leben einzuladen.

Glückseligkeit ist, wenn du lieben kannst und geliebt wirst.

Wie gesagt, ich traf die Entscheidung, die Liebe als Fundament für den Wiederaufbau meines Lebens zu wählen. Ich stellte mir mithilfe der Visualisierungstechniken auf der mentalen Ebene immer wieder ganz genau vor, wie meine Traumfrau aussehen sollte. Ich benutzte sogar ein *Visionboard*[28], um das Bild ständig vor Augen zu haben. Einige Monate später hatte ich ein Date. Wir trafen uns in meinem Lieblingscafé und begrüßten uns mit den üblichen zwei Küsschen auf die linke und die rechte Wange. Dabei berührten wir uns ein wenig mit dem Körper. In diesem allerersten Moment passierte etwas Sonderbares. Es fühlte sich für mich so an, als ob unsere Herzen wie zwei kleine Magneten mit einem Klick aneinander sprangen. So wie bei einer Kindereisenbahn, bei der die einzelnen Waggons durch Magneten miteinander verbunden sind. Es fühlte sich an wie dieses *Klick*, und zwar auf Höhe des Herzens. (Als wir Wochen später über diesen Moment sprachen, erzählte mir Nicole, was sie damals empfand. Ohne uns vorher darüber ausgetauscht zu haben, verwendete sie exakt das gleiche Bild von den zwei Magneten, die aneinander klicken. Für mich war das wie ein „Ja" von Gott.) Mir war klar, dass wir einander gefunden hatten. Ich war angekommen. Jetzt lag es an uns, diese Liebe wachsen zu lassen.

Meine Partnerin ist eine Frau, die aus ganzem Herzen lieben kann. Sie kann es nicht verhindern, die Liebe strahlt einfach aus ihr heraus. Man kann es Glück nennen, dass ich diese Frau traf. Aber genau darum geht es ja in diesem Buch: dem Glück auf die Sprünge zu helfen mittels Gebet, Visualisierung und Entscheidung.

Liebe lernt man am besten von jemandem, der lieben kann. Es gibt solche Menschen. Am besten, man verbringt schlichtweg ein wenig Zeit mit ihnen, hört zu und fragt sie, so bekommt man einen Eindruck. Wer aufmerksam ist und die Möglichkeit hat, kann auch von Kindern lernen zu lieben oder sogar von einem Hund. Hunde können sich unsagbar freuen, wenn sie dich sehen, und zeigen dir das auch. Kinder lieben ohne Vorbehalt, stellen keine Bedingungen und machen aus ihrer Zuneigung niemals einen Hehl, im Gegenteil: Sie suchen ständig den Kontakt, egal, ob körperlich oder durch Kommunikation, sie weinen, wenn der Mensch geht, den sie lieben, sie klammern sich an ihn und brauchen nichts anderes als Nähe und Aufmerksamkeit. Liebe zu zeigen, sie nicht zu verstecken, sich damit verletzlich zu machen, ist eine große Stärke, die viele von uns im Erwachsenenalter leider verlernt haben. Zu groß ist die Angst vor Enttäuschung, doch allzu oft ist es gerade diese Angst, die echte Nähe verhindert und so über kurz oder lang unsere Beziehungen zerstört.

Doch nicht alle von uns haben das Glück einer Partnerschaft. Und trotzdem steht der einfachste Weg in die Glückseligkeit allen offen! Eine Partnerschaft ist keine Voraussetzung, lieben zu können. Wie eben erwähnt, gibt es viele verschiedene Arten der Liebe – zwischen Kindern und ihren Eltern, zwischen Haustieren und ihren Besitzern, aber auch auf ganz anderen Ebenen ist Liebe möglich! Wir müssen nur wieder sensibel für das werden, was unser Herz höherschlagen lässt. Vielleicht liebst du Blumen und dein Herz geht auf, wenn du im Garten bist oder einen frischen Strauß bunter Tulpen auf deinen Küchentisch stellst. Oder du liebst klassische Musik, Malerei oder Tanz. Ich bin sicher, es gibt etwas, das du liebst. Es braucht eigentlich nur die tiefe Sehnsucht, lieben zu lernen. Damit lädst du die Liebe in dein Leben ein. Wobei das so nicht ganz richtig ist: Die Liebe und die Glückseligkeit sind schon in uns drin. Nur die Geschichten, die in Dauerschleife von unserem Geist abgespielt werden, verdecken beides. Wir müssen die Liebe nicht außerhalb von uns suchen. In jedem von uns scheint auf der spirituellen Ebene ein helles Licht. Das Licht unserer Seele. Es ist das Licht der Liebe.

Übung auf emotionaler Ebene: Die Glückseligkeits-Zeremonie

Zum Abschluss dieses Kapitels will ich dir noch eine kleine Übung mit auf den Weg geben. Es geht darum, dir all deiner Sinne bewusst zu werden. Du hast sicher schon von der Teezeremonie im Zen gehört. Und bestimmt kennst du die Wandlung der Heiligen Messe von Wein und Brot. Oder hast schon einmal beobachtet, wie ein leidenschaftlicher Barista kunstvoll einen Cappuccino aufgießt. Was haben der Meister der Teezeremonie, der Priester bei der Wandlung des Weins und der Barista beim Brühen eines Cappuccinos gemeinsam? Wenn es gut läuft, sind sie ganz im Hier und Jetzt. Sie sind präsent. Und transzendieren durch diese Präsenz und Aufmerksamkeit eine nach außen gewöhnliche Handlung zu einer (heiligen) Zeremonie.

Ich durfte an allen drei Zeremonien schon teilnehmen. Wenn mir eine Tasse im Zendo während einer Teezeremonie gereicht wurde, der Priester mir den Kelch mit Wein mit den Worten „Das Blut Christi" reichte, selbst wenn mir ein Barista aus Leidenschaft einen Cappuccino servierte, war ich andächtig. Ich war präsent. In solchen Situationen gelingt es uns, unser Gedankenkarussell zu stoppen. Für einen kurzen Moment können wir Glückseligkeit erfahren.

Glückseligkeits-Zeremonie

Mache ein Alltagsritual zur Zeremonie. Du musst nichts Äußeres ändern. Es geht darum, die Heiligkeit von dir und dem Moment zu fühlen, zu erfahren und zu kosten. Mache dir eine Tasse Tee, Schritt für Schritt, ganz bewusst. Stelle dir vor, du begehst eine heilige Zeremonie. Widme allem eine ehrfürchtige Aufmerksamkeit. Spüre die Wärme, rieche den Duft, halte inne, nimm wahr, sei dankbar. Sprich beim ersten Schluck einen stillen Segen: „Glückseligkeit allen Wesen, Glückseligkeit auf allen Wegen."

Du wirst, worauf du deinen Geist stetig und leidenschaftlich fokussierst.

Spirituelle Ebene (1)
Spiritualität, Seele, Einheit mit Gott, Schicksal

Mentale Ebene (2)
Berufung, Lebensglück, Gedankenkraft, Denk- & Verhaltensmuster, Wissen, Intuition, Intellekt, Geist, Persönlichkeit, Werte

Emotionale Ebene (3)
Glücksgefühle, Liebe, Seligkeit, Lebenslust, Gelassenheit, emotionale Reife, Angst, Trauer, Wut

Energetische Ebene (4)
Vitalität, Power, Energiehaushalt, Natur, Licht, Atem, Regenerationskraft, Ausdauer, Berufung

Körperliche Ebene (5)
Physischer Körper, Gesundheit, Bewegung, Körperwahrnehmung, Muskeln, Organe, Hormone, Nervensystem, Selbstheilungskräfte, Nahrung

4. DIE ENERGETISCHE EBENE

Glückselig vor lauter Energie

Tibetische Mönche strahlen nicht nur eine unglaubliche Glückseligkeit aus, sie scheinen auch über grenzenlose Energiereserven zu verfügen. Mein Meditationslehrer Mansukh ist ein Paradebeispiel dafür. Wenn er einen Raum betritt, ist es, als würde jemand die Lichter heller drehen. Eine geballte Ladung purer Kraft strömt von ihm aus. Schon als junger Mann reiste Mansukh durch Indien und Nepal. Dabei lernte er von ein paar der besten Weisheitslehrer des ganzen Subkontinents.

Mansukh verkörpert so ziemlich alles, was man sich unter einem energiegeladenen, vor Liebe überströmenden, weisen, spirituellen und glückseligen Menschen vorstellen kann. Er ist inzwischen über sechzig Jahre alt, aber seinen Kindern auch in diesem fortgeschrittenen Alter energetisch weit überlegen. Er holt sich seine Kraft aus der Natur, in der er täglich mehrere Stunden verbringt. Er lässt sich von der Energie und der Frische, die in ihr steckt, ganz durchströmen. Vor allem aber atmet Mansukh all das Leben ganz bewusst ein. Das Atmen ist eines der mächtigsten Mittel, um Glückseligkeit zu erleben. Es ist eine Kunst, im Atem zu ruhen, mit ihm und Gott zu verschmelzen und sich dann tragen zu lassen. Leider haben wir dieses so ursprüngliche Werkzeug in unserer verkopften und technisierten westlichen Zivilisation aus den Augen verloren.

4.1 Die Kraft des Atems

„Da formte Gott den Menschen und blies in seine Nase den Lebensatem. So wurde der Mensch zu einem lebendigen Wesen.“[29]

Mit dem Thema Atem betreten wir die vierte Ebene der Pyramide der Glückseligkeit. Es ist die Ebene der Lebensenergie. Ein Mensch atmet pro Tag etwa zwanzig- bis dreißigtausend Mal ein und aus. Die meisten Menschen tun dies unbewusst. Womit wir schon beim Kern des Problems wären: Unsere Atemgewohnheiten sind in der Regel falsch und damit wenig effektiv. Durch falsches Atmen sammelt sich eine Menge verbrauchter Luft in den Lungen an. Die macht uns müde und antriebslos und ist ein echter Stressfaktor für den Körper. Zu flache und zu kurze Atemzüge verhindern, dass die ca. vier Liter Blut, die durch unseren Kreislauf fließen, ausreichend Sauerstoff erhalten. Neben Müdigkeit und Konzentrationsschwäche können als weitere Folge auch nicht alle Giftstoffe abtransportiert werden, was Schäden an Zellen und Organen verursachen kann.

Besser atmen

Atme durch die Nase ein und aus. Mache nach jedem Ein- und nach jedem Ausatmen eine kurze Atempause von vier Sekunden. Dadurch kann der Sauerstoff in die Zellen gelangen. Schließe die Augen und spüre nach, wie neue Energie dich durchströmt.

Richtiges Atmen schenkt uns Energie und Lebenskraft. Aber nicht nur das. Unsere Stimmung heitert sich auf, wir werden mutiger und unsere Konzentrationsfähigkeit nimmt zu. Wenn wir richtig atmen, entspannen sich unsere Muskeln und unsere Organe. Der Atem wirkt also auf der Pyramide der Glückseligkeit an dieser Stelle von oben nach unten, bis auf die körperliche Ebene. Doch dasselbe tut er auch nach oben: Trauer, Angst und Wut lassen oft allein schon durch tiefen, ruhigen und vor allem bewussten Atem nach. Die Folge: Wir werden glücklicher – und zwar auch auf der obersten, der spirituellen Ebene.

Wenn ich mich in einer fortgeschrittenen Form der Atemmeditation übe, dann baue ich zunächst ein höheres Energieniveau in meinem Inneren auf. Das fühlt sich gut an, ich bin wacher und konzentriert. Nach einer Weile treten die ersten prickelnden Glücksgefühle entlang der Wirbelsäule auf. Diese verbreiten sich durch den ganzen Körper. Schließlich fühlt es sich an wie ein Überschäumen vor Wonne. Pure Glückseligkeit durchströmt mich. Das braucht natürlich ein wenig Übung. Aber die macht ja bekanntlich den Meister.

Die Phasen der Atmung

Dein Atem ist die sanfteste und unmittelbarste Pforte in dein Inneres. So wie der Mensch atmet, so ist er, so denkt er, so fühlt er, so ist er gestimmt, so liegt, sitzt und handelt er. Dieser Satz kann auch umgedreht werden: So wie der Mensch denkt, fühlt, ist oder handelt, so atmet er. Indem du gleichmäßig das Atmen praktizierst, das ich im Folgenden erkläre, wirst du Schritt für Schritt eine zuverlässige Methode erlangen, dich mit deiner Seele zu verbinden. Auf lange Sicht bekommst du mit dieser Technik deinen Geist und damit dein Gedankenkarussell unter Kontrolle.

Erinnerst du dich noch an die Geschichte vom Geist und dem Mädchen? Damit der Geist das Mädchen nicht auffrisst, sagt sie ihm, er solle so lange an der Zeltstange rauf- und runterlaufen, bis sie ihn wieder ruft. Die folgende Atemtechnik ist genau dafür gemacht: deinen Geist unter Kontrolle zu bringen. So kann deine Seele wieder die Führung übernehmen und Frieden und Seligkeit breiten sich in dir aus.

Die Qualität des Atems ist maßgebend für das vegetative Nervensystem und damit auch jede Körperfunktion, die damit verbunden ist. Sie stärkt das Gemüt, hebt die Stimmung und aktiviert die Gehirntätigkeit.

Dein Atem ist die sanfteste und unmittelbarste Pforte in dein Inneres.

Bewusstes Atmen wirkt sehr intensiv auf deinen Körper und das vegetative Nervensystem. Am besten ist die Qualität des Atems, wenn er rhythmisch, langsam, fließend und fein ist. Dann strömt am meisten Lebensenergie ein und dann zirkuliert es am besten durch den Körper bzw. seine Energiefelder.

Jede Form von Atem hat einen Effekt auf deinen Geist und auf deine Gesundheit. Die folgende Übung heißt *Sama vittri* (Der gleichmäßige Atem)[30]. Du lernst, die einzelnen Elemente des Atems bewusst wahrzunehmen und in einen gleichmäßigen Rhythmus zu kommen. Wenn dein Geist überdreht ist, findest du mit dieser Technik schnell wieder zur Ruhe.

Der gleichmäßige Atem besteht wie jede andere Atemtechnik aus vier Phasen: Einatmen – sich ausfüllen; Anhalten des Atems nach vollständiger Einatmung; Ausatmen – Entleeren der Lungen; Anhalten des Atems nach vollständiger Ausatmung. Wenn du auf verschiedene Zustände von Körper, Geist und Seele bewusst zusteuern möchtest, dann ist das Kontrollieren der Länge der vier Atemphasen dein Navigationssystem.

Mit manchen Atemmustern kannst du inneren Frieden finden, mit anderen deinen Energielevel steigern oder ganz einfach Angst und Stress ausschalten. (Wie genau das funktioniert, kannst du im Aktiv-Teil nachlesen. Dort habe ich dir verschiedene Übungen zum Atmen zusammengestellt.)

Um Energie aufzubauen, sind die Phasen der Atmung entscheidend, in denen du den Atem anhältst. In diesen Phasen bekommt dein System die Gelegenheit, die Lebenskraft aus dem Atem aufzunehmen.

Wie der Atem Gefühle steuert

Tiefes Atmen bringt nicht nur richtig viel Energie in unser System, es steuert auch unsere Gefühle. Wenn ich zusammen mit Seminarteilnehmern meditiere, ist der Atem auch deshalb immer ein ganz wesentlicher Bestandteil. Ab dem Moment, wo wir unsere Aufmerksamkeit auf unseren Atem richten, verändern sich unsere Gefühle und Gedanken. Schon nach wenigen Minuten fühlt man sich einfach besser. Mit einem speziellen Atem-Mantra habe ich sogar Profi-Tennisspieler, die mit dem Stress beim Aufschlagen Schwierigkeiten hatten, sehr weit in die Klarheit und Präsenz gebracht.

Das folgende Mantra kannst du anwenden, wenn du in einer Situation deine Stimmung heben und in deine Präsenz kommen willst. Du kannst diesen Atem überall anwenden, sogar kurz vor einem öffentlichen Auftritt, während einer Sitzung und natürlich in der Warteschlange. Während du bewusst ein- und ausatmest, sagst du innerlich im Rhythmus deines Atems: „ein“ – „aus“; „ruhig“ – „langsam“; „tief“ – „entspannt“; „glück“ – „selig“. Wiederhole dieses Atem-Mantra für Glückseligkeit einige Male, bis sich Ruhe und ein heiterer Frieden in dir ausbreitet.

Dir ist wahrscheinlich nicht entgangen, dass wir bei dieser Übung bereits mehrere Ebenen miteinander verbinden: Die Worte sprechen deinen Geist an, sie lösen die entsprechenden Gefühle in dir aus, der Atem erfrischt dich und erdet dich. Das bewusste Wahrnehmen, wie deine Bauchdecke und dein Brustkorb sich heben und senken, bringt deine Konzentration und damit sozusagen dich selbst in deinen Körper. Im nächsten Kapitel zeige ich dir, wie dein Atem auch das Tor zur Spiritualität sein kann.

Wenn wir unsere Aufmerksamkeit auf den Atem richten, verändern sich unsere Gefühle und Gedanken.

Mitte der 1990er-Jahre studierte ich Theologie in Berkeley, Kalifornien. Dort traf ich eine lebende Legende: Richard Rohr. Richard Rohr ist Franziskaner und hat die amerikanische Kirche ziemlich aufgewühlt. Seine Bücher sind weltweite Bestseller, und er gibt Kurse auf allen Kontinenten. Auf seinen Vorträgen offenbart er eine Wahrheit, die mich zutiefst bewegt. Wenn man diese Wahrheit an sich heranlässt, ist man nie mehr allein …

Auf einem seiner Vorträge erzählte er folgende Geschichte:[31] Ein jüdischer Wissenschaftler erklärte einmal einer Gruppe Christen das Gebot: „Du sollst den Namen des Herrn nicht missbrauchen." Als Kind hat man mir beigebracht, das hieße, man soll nicht im Namen Gottes fluchen – „Gottverdammter Mist!" oder „Herrgott noch mal!". Aber darum ging es dem Wissenschaftler in der Geschichte nicht. Natürlich ist es nicht schön, im Namen Gottes zu fluchen, aber das ist nicht der eigentliche Kern des Gebots. Nicht einmal im Ansatz hätten wir es damit verstanden. Seit Jahrtausenden verstehen die Juden unter diesem Gebot, den Namen Gottes überhaupt nicht auszusprechen. Während ihres ganzen Lebens sagen sie den heiligen Namen Jahwe nicht laut, niemals. Zu groß sind der Respekt und die Ehrfurcht vor dem Allmächtigen. Und gerade zu Beginn der jüdisch-christlichen Tradition hatten die Menschen noch ein durch und durch mystisches Verständnis des Geheimnisses Gottes.

Dazu muss man wissen, dass im Hebräischen lediglich die Konsonanten der Wörter geschrieben werden. Die Vokale setzt der Leser aufgrund seiner Sprachkenntnisse selbst ein. Statt JAHWE steht deshalb lediglich die Buchstabenkombination JHWH. Wer Hebräisch beherrscht, weiß, was an welchen Stellen ergänzt werden muss.

Aber der Name birgt noch eine weitere Besonderheit, wie Richard Rohr in seinem Vortrag weiter ausführte: Die Konsonanten wurden so gewählt, dass beim Versuch, sie zu formulieren, sich weder die Lippen berühren noch die Zunge an die Zähne stößt. Versuche es einmal: JAH-WEH. Fällt dir etwas auf? Noch einmal, langsam, flüsternd: JAH-WEH. Wenn du genau hinhörst, merkst du, wie der Name Gottes die Laute eines menschlichen Atemzuges nachahmt. JAH-WEH klingt wie ein tiefes Ein- und Ausatmen! Mit jedem Atemzug hauchen wir im selben Moment den Namen Gottes. Es ist das Erste, was ein Mensch bei seiner Geburt von sich gibt, und das Letzte, bevor er stirbt. Es gibt keinen katholischen, protestantischen, jüdischen oder hinduistischen Atem. Alle Menschen verursachen dasselbe Geräusch, wenn sie Luft einsaugen und wieder ausstoßen. Muslime, Hindus, Buddhisten, wir alle flüstern unentwegt den Namen Gottes. Atme durch den Mund ein und aus. Du sprichst den Namen Gottes!

Diese Übung ist eigentlich keine (wir tun es automatisch, ohne nachzudenken), und dennoch ist sie für mich die Königsübung unter allen anderen. Denn nichts ist essenzieller als das hier. Unser Leben lang tun wir alle nichts anderes, als den Namen Gottes zu flüstern. Wir brauchen ihn also gar nicht mehr im Gebet laut auszurufen. Wir alle tun den ganzen Tag und die ganze Nacht nichts anderes, als den Namen Gottes zu atmen. Wir sind in Gott, und Gott ist in uns, in unserem ganzen Sein. Du willst glückselig sein? Atme ein, atme aus. Höre! Punkt. Deine Luftröhre flüstert ohne Pause den Namen Gottes.

4.2 Glückselig in der Natur

Stell dir vor, wie du durch die freie wilde Natur streifst. Du bist voller Lebenslust und Energie und bewegst dich durch die Landschaft, den Strand entlang/durch den Wald/über die Berge. Mit jedem Schritt fühlst du die Kraft der Erde in dir aufsteigen. Mit jedem Atemzug fühlst du die Kraft Gottes dich durchströmen, und jeder Sonnenstrahl, der deine Haut trifft, erfüllt dich mit Freude und Energie!

Bewegung ist gut. Bewegung in der freien Natur ist besser! Denn im Kontakt mit Wald, Wiesen und Bächen, dem Meer oder den Bergen beginnen Seele und Körper aufzuatmen. Egal, ob wir spazieren gehen, Rad fahren, wandern oder einfach unserem Lieblingssport in freier Natur nachgehen: Wir werden gestärkt. Das spüren wir nicht nur durch mehr Energie und Freude, die frische Luft oder die Sonnenstrahlen auf unserer Haut, sondern auch tief in unserem Inneren.

Inzwischen gibt es immer mehr wissenschaftliche Belege dafür, wie groß der Einfluss der Natur auf unser Gemüt ist. Ein Beispiel ist das aktuelle Buch der britischen Journalistin Lucy F. Jones, *Die Wurzeln des Glücks*[32], in dem sie aufzeigt, wie weitreichend das Zusammenspiel zwischen einer gesunden, glücklichen Seele und der Natur ist: Je mehr und je regelmäßiger wir uns in der Natur aufhalten, desto stabiler und ausgeglichener werden unsere Emotionen, unser Geist wird klarer und auch unser Körper reagiert mit mehr Energie.

Die meisten der häufigsten Zivilisationskrankheiten wie Kopf- und Rückenschmerzen, Verspannungen, Schlafstörungen, Stress, Konzentrationsprobleme oder Verdauungsstörungen ließen sich allein schon durch tägliches Spazieren im Wald oder über Felder, an einem See oder in einem Park therapieren. Dabei ist es nicht die eine oder andere Komponente, die uns heilt, sondern das Zusammenspiel der unterschiedlichen Einflüsse. Durch sie wird eine Vielzahl an Prozessen im Körper angestoßen. Die Luft ist hoch angereichert mit Sauerstoff, Bäume und Pflanzen stoßen Duftstoffe aus, die uns positiv beeinflussen. Der Blick auf Bäume, ins Grüne und in den weiten Himmel bewirkt Veränderungen in unserem Unterbewusstsein und in unserer Gesundheit. Das bewusste oder unbewusste Hören vom Gezwitscher der Vögel, das Rauschen der Blätter im Wind und das Plätschern eines Baches sind Balsam für die Seele. Die Sonnenstrahlen, die unsere Haut und unsere Augen treffen, verändern unzählige biologische und psychologische Prozesse in uns.

Je mehr wir uns in der Natur aufhalten, desto ausgeglichener werden Emotionen, Geist und Körper.

Mensch und Natur gehören zusammen. Die Entfremdung von unserem natürlichen Habitat wird inzwischen auch in der Psychologie erforscht. Mit erstaunlichen Erkenntnissen: Sowohl der Blick auf die weichende Wildnis und das Artensterben, aber auch die erlittene Erlebnisarmut, die durch mangelnde Zeit in der Natur hervorgerufen wird, wecken in uns das, was die Wissenschaft mittlerweile als ökologische Trauer bezeichnet. 2020 diskutierten Psychiater und Psychotherapeuten bei ihrem Jahreskongress über ökologische Trauer. Die Kernaussage war, dass es eine Reihe von Wegen gebe, auf denen der Klimawandel die psychische Gesundheit beeinträchtige. Der Direktor des Zentralinstitutes für Seelische Gesundheit in Mannheim, Andreas Meyer-Lindenberg, beobachtete das Phänomen des *ecological grief* (ökologische Trauer), einer Trauer über die Vernichtung der Lebensgrundlage.[33]

Vor vielen Jahren nahm ich an einer Woche Wanderexerzitien in der Schweiz teil. Schon am ersten Tag kamen wir über einen sanften Hügel, der sehr schön von kurzem, weichem Gras bewachsen war. Ich zog die Schuhe aus, hängte sie mir über den Rucksack und lief weiter. Bei jedem Schritt merkte ich, wie eine Last von meiner Seele fiel. Es fühlte sich an, als ob aufgestaute Ladung und angesammelte Wut und Trauer aus meinem System mit jedem Schritt in die Erde abflossen. Im Gegenzug fühlte ich, wie meine inneren Akkus wieder aufgeladen wurden.

Glückseligkeits-Tipp:

Wenn du einen Ort in der Natur findest, der dich besonders anspricht, zieh deine Schuhe aus. Spüre den Boden unter deinen Füßen, das Gras, die Erde, die Steine. Die Erde ist ein lebendiger Organismus, den zu betreten und zu berühren ein unmittelbarer Weg in die Seligkeit sein kann – denn sie ist heilig. Sich diese Tatsache bewusst zu machen, hat Auswirkungen auf unsere innere Haltung. Achte darauf, wie sich deine Gedanken, Gefühle und deine innere Körperspannung verändern.

Der Gedanke, dass der Boden, auf dem wir stehen und gehen, heilig ist, findet sich bereits in der Bibel: Als Mose auf den Berg Sinai steigt, hört er die Stimme Gottes, die sagt: „Zieh deine Schuhe aus, denn du stehst auf heiligem Boden!"[34] Doch auch in andere Kulturen und Religionen ist es üblich, sich die Heiligkeit des Bodens, auf dem man steht, durch bestimmte Gesten oder Handlungen bewusst zu machen.

Indische Yogis betrachten die Erde – ebenso wie der heilige Franz von Assisi – als ein lebendiges Wesen. Zur Verdeutlichung folgendes Beispiel: Ich kann einen Baum als einen Rohstoff betrachten; dann liegt der Fokus auf dem toten Holz. Ich kann einen Baum aber auch als lebendiges Wesen betrachten, das atmet, lebt und ein Energiefeld hat. Ein Wesen, das mit anderen Bäumen kommuniziert und mit anderen Lebewesen eine Lebensgemeinschaft eingeht. Ebenso kann ich die Erde als Lieferant für Rohstoffe betrachten. Oder ich betrachte die Erde als ein lebendiges Wesen. Ein hochkomplexes, lebendiges Wesen, das fühlt und das lebt. Diese Ehrfurcht und Hochachtung zeichneten den heiligen Franz aus. Er betete sogar zu seiner Schwester Mutter Erde.

Dieselbe Sicht haben indische Yogis auf Mutter Erde. In verschiedenen Yogaübungen verbinden sie sich mit der Erde und bitten um ihre Gaben. Nicht in Form von Rohstoffen, sondern in Form von Kraft, Stärke, einem Sicherheits- und Wohlstandsgefühl. Es ist das spirituelle Bewusstsein darüber, Teil einer lebendigen Schöpfung zu sein, die uns liebt, das dem heutigen Menschen verloren gegangen ist.

Vor vielen Jahren, während meiner Ausbildung zum Yogalehrer in den walisischen Bergen, wurden wir an einen schönen Platz in der Natur geführt. Wir stellten uns in einen großen Kreis. Jeder hatte die Aufgabe, seine Aufmerksamkeit zunächst auf den eigenen Atem zu lenken. Wir atmeten ganz bewusst ein und ließen den Atem immer tiefer sinken, die Wirbelsäule hinunter, die Beine entlang bis in die Füße und von dort weiter in den Boden unter uns. Unser Fokus wanderte achtsam Stückchen für Stückchen in die Erde unter uns, bis wir nach einer Weile einen Punkt erspürten, an dem wir in der Lage waren, das Energiefeld der Erde zu fühlen. Wir atmeten durch unseren Körper hindurch in die Erde hinein. Schon nach gefühlten ein bis zwei Metern unter der Erdoberfläche spürten wir die Kraft von Mutter Erde, wahrscheinlich zum ersten Mal in unserem Leben. Es fühlte sich an wie ein sanftes Prickeln. Wir fühlten uns glückselig, weil wir zum ersten Mal spürten, dass wir getragen und gehalten sind. Wir spürten Gott in seiner Schöpfung atmen und fühlten unsere Verbundenheit. Ich persönlich glaube, dass wir diese innere Verbindung mit der Schöpfung wiederentdecken müssen. Ohne diese Verbindung fehlt uns die Grundlage, fehlt uns der *need*, um bei der Bewahrung der Schöpfung bzw. im Umweltschutz Fortschritte zu machen.[35]

Als Mahatma Gandhi seinen Freiheitskampf für Indien führte, pilgerte er durch das ganze Land. Jeder seiner Schritte sollte ein Segen sein. Er segnete also nicht wie üblich mit den Händen, sondern die Erde mit den Füßen. Dasselbe praktiziere ich auch mit meinen Coaching-Gruppen. Wir wandern achtsam durch den Wald, über Wiesen und Felder und segnen dabei die Wege und Mutter Erde. Die Teilnehmer sind jedes Mal tief berührt und dankbar, wie viel sie durch diese einfache Übung zurückbekommen. Es fühlt sich an, als ob der Segen von der Erde vielfach reflektiert wird.

Dreifach-Fokus

Eine wunderbare Übung, um möglichst umfassend in der Natur aufzutanken, ist der Dreifach-Fokus aus achtsam sehen, achtsam hören und achtsam riechen. Nimm dir, wenn du das nächste Mal draußen bist, für jeden Fokus ein gewisses Zeitfenster. Nimm aufmerksam wahr, was du siehst: die Farben, die Oberflächen, die verschiedenen Formen, das Spiel von Licht und Schatten. Wechsele nach einer Weile und lege deinen Hauptfokus auf dein Gehör. Schließe deine Augen und nimm all die unterschiedlichen Geräusche wahr, bevor du dich dann auf deinen Geruchssinn konzentrierst. Spüre, wie du eins bist mit der Schöpfung, der Natur und mit Gott. Zum Abschluss der Übung lade ich dich ein, den Waldboden, eine Pflanze oder einen Baum zu berühren und zu segnen.

Alles in Balance

Bewegung in der Natur wirkt nicht nur auf den Körper, sondern ganzheitlich durch alle fünf Ebenen hindurch bis in die spirituelle Ebene, die Spitze unserer *Kosha*-Pyramide hinein. Ich lade dich ein, einen Spaziergang durch den Wald oder am Strand entlang zu machen und dabei nach und nach alle fünf Ebenen des Seins zu aktivieren. Fühle bewusst jeden Schritt. Wie fühlen sich deine Fußsohlen an, wenn sie den Boden berühren, wie fühlt es sich an, wenn du deinen Fuß hebst und wieder aufsetzt? Fühle die Spannung deiner Muskeln – in den

Beinen, in der Hüfte, im Rumpf, in den Schultern, in den Armen und im Hals und Gesicht. Achte nun bewusst darauf, wie du während der Bewegung atmest. Fühle die frische Luft der Natur. Was riechst du? Bleibe eine Weile mit deiner Aufmerksamkeit hier auf der Ebene des Körpers.

Betrachte nun achtsam und dankbar alles, was du siehst. Lass die Farben und Formen wirken, nimm mit deinen Sinnen und mit deinen Gedanken die ganze Schöpfung auf. Nun lasse folgenden Gedanken tief in deinen Geist eindringen: Ich bin sicher, ich bin geliebt, ich bin reich. Ich habe alles, was ich zum Leben brauche, im Überfluss. Zuletzt verbinde dein Herz mit dem Himmel und mit der Erde. Fühle die Einheit. Atme ein und lass deinen Atem durch deinen Körper in die Erde strömen. Atme von der Erde her ein hoch ins Herz. Atme aus vom Herzen in den Himmel. Atme nun wieder ein vom Himmel ins Herz und aus wieder in die Erde und so weiter.

Im unmittelbaren Kontakt mit der Schöpfung stellt sich diese Balance mit der Zeit wie von selbst ein, ohne dass wir aktiv etwas dazu beitragen müssten. Es ist der schnellste und unmittelbarste Weg in die Glückseligkeit. Das Einzige, was wir hierfür tun müssen, ist die Tür zu öffnen und hinauszugehen …

4.3 Licht als Kraftquelle

Der Sonnenaufgang schenkt Energie.
Der Sonnenuntergang schenkt Frieden.

Morgens, wenn die Sonne aufgeht, gehe ich oft auf den Balkon und begrüße die Sonne. Das ist eines meiner lockeren Rituale, die ich mir in den letzten Jahren angewöhnt habe. Leider ist in unseren Breiten der Himmel oft wolkenverhangen, deshalb freue ich mich umso mehr, wenn die Sonne scheint und gerade aufgeht oder noch dicht am Horizont ist. Versuche einmal für einen Moment, die Sonne genauso wie die Bäume und die Erde als etwas Lebendiges, Spirituelles zu betrachten. Versuche zu vergessen, was du über die Sonne an sogenanntem Wissen hast, und lass dich auf sie ein. Vielleicht entdeckst du eine neue Freundin in ihr.

Die Sonne lebt auf ihre Weise. Wenn du dich also mit der Sonne freundschaftlich oder geschwisterlich verbindest, spürst du vielleicht mehr Energie, innere Freude – als ob dein inneres Licht heller scheint. Du erlebst Wunderbares auf allen fünf Ebenen. Weise Männer haben mir vorgelebt, wie man sich die Sonne zur Freundin macht. Damals erinnerte mich das ebenfalls an den heiligen Franz von Assisi, von dem berichtet wird, dass er zur Sonne ein geschwisterliches Verhältnis pflegte. Er nannte sie liebevoll „Bruder Sonne“ (im Italienischen ist Sonne maskulin).

In Indien wird gelehrt, dass der Sonnenaufgang sehr viel Energie schenkt. Am besten steht man kurz vor Sonnenaufgang auf, um ihn nicht zu verpassen. Wenn die Sonne aufgeht, ist das ein heiliger Moment, der Kraft und Schwung für den ganzen Tag schenkt. Licht motiviert alles, was lebt. Wenn die Sonne scheint, stelle ich mich nach draußen (z. B. auf den Balkon), drehe die Handflächen Richtung Sonne und atme ruhig und tief ein und aus. Ich stelle mir vor, wie ich die Sonne von oben nach unten in meinen Körper einatme: zuerst in den Scheitel, dann in die Stirn, in den Hals, ins Herz, in den Bauch, in den Unterleib und ins Steißbein. Schließlich in die Knie, in die Knöchel und in die Fußsohlen. Ich genieße die Wärme auf meinem Gesicht und lasse mich durch die Strahlen mit innerer Freude auffüllen.

Ich habe gelernt, dass der Sonnenaufgang Energie schenkt und der Sonnenuntergang Frieden. Deshalb nehme ich mir abends (soweit möglich) die Zeit, den Sonnenuntergang zu betrachten. Im Urlaub beobachte ich häufig, wie sich viele Menschen am Strand versammeln und den Sonnenuntergang ehrfürchtig und friedlich betrachten. Das ist auch die beste Zeit für Romantik. Aber wieso nur als Teenager an den Strand gehen, wieso nicht häufiger einfach den Sonnenuntergang betrachten und inneren Frieden in sich wachsen lassen? Je mehr Frieden wir fühlen, desto weniger Energie verbrauchen wir mit unserem Gedankenkarussell.

Nicht nur die Inder kennen die vielschichtige, heilende und belebende Wirkung der Sonne, auch von den alten Griechen wird berichtet, dass sie eine Form der Medizin hatten, die sich Heliotherapie nannte (von *helios* = die Sonne). Kranke wurden an solche Orte gebracht, die besonders viel Sonnenschein und frische Luft zu bieten hatten. Aber auch aktuelle Studien belegen das: Ein Versuch aus den USA hat gezeigt, wie positiv und heilend sich Sonnenlicht auf Multiple Sklerose auswirkt. Nicht nur beeinflusst die Sonne die Wahrscheinlichkeit, überhaupt an MS zu erkranken, sondern einzelne Menschen sind auch unterschiedlich schwer betroffen, je nachdem wo sie wohnen.[36] Bereits auf einem verhältnismäßig kleinen Gebiet wie Deutschland mit seiner Nord-Südachse von knapp 900 Kilometer lassen sich deutliche Unterschiede erkennen.[37] Eine andere Studie aus dem *Journal of Internal Medicine* kommt zu dem Ergebnis, dass Frauen, die Sonnenlicht aus dem Weg gehen, ein höheres Sterberisiko haben, das mit dem des Rauchens vergleichbar ist. Sonnenstrahlen verhindern das Risiko für Herzleiden und Diabetes. Natürlich in einem gesunden Maß! Wenn wir uns dem Sonnenlicht zu lange aussetzen, altert die Haut schneller. Dennoch: Schlimmer ist es, *nicht* in die Sonne zu gehen, so das überraschende Ergebnis einer schwedischen Studie.[38]

Sonnenlicht beeinflusst auch stark unseren Hormon- und damit unseren Energiehaushalt. Es ist entscheidend mitverantwortlich, ob wir gesund bleiben, uns wohlfühlen, ob wir lethargisch oder aktiv sind. Das menschliche Auge nimmt Lichtreize wahr, die Informationen werden u. a. an die Zirbeldrüse weitergegeben. Augen, Nerven und Zirbeldrüse sind verantwortlich dafür, dass wir am Tag leistungsfähig sind und in der Nacht einen erholsamen Schlaf finden. Je weniger Tageslicht ins Auge fällt, desto mehr Schlafhormon Melatonin wird produziert, d. h. wir werden müde und träge. Andersherum sorgt genug Sonnenlicht für die Produktion von Serotonin. Es wird nicht umsonst als Glückshormon bezeichnet und sorgt dafür, dass wir uns ausgeschlafen fühlen und leistungsstark sind. Zudem steigt die Stimmung.[39] Die Nationalsozialisten sperrten unliebsame Personen in fensterlose Zellen, um deren Willen zu brechen. Umgekehrt schickten Ärzte ihre Patienten bereits in der Antike immer wieder zu Therapiezwecken an die frische Luft. So war der griechische Mediziner Aretaios überzeugt: „Lethargiker sollen in das Licht gelegt und den Strahlen der Sonne exponiert werden."[40]

Sonnenlicht ist mitverantwortlich, ob wir gesund bleiben, uns wohlfühlen und aktiv sind.

4.4 Ernährung und Energie

Die beiden Ebenen 4 (Energie) und 5 (Körper) sind zu stark miteinander verbunden, als dass sich in allen Bereichen eine klare Linie ziehen lassen würde. Und wie jedes Modell hat auch das *Kosha*-Modell seine Grenzen. Ein Modell ist immer eine Verkürzung der Realität, stark vereinfacht, um zu verdeutlichen und damit hier und da eben nicht eins zu eins auf die Wirklichkeit übertragbar. Dennoch hilft uns unsere Pyramide, die Grundzüge dieses so komplexen Wirkungsmodells besser nachvollziehen zu können.

Unser westliches Verständnis von Energie und Nahrung beginnt sich Gott sei Dank zu verändern. Bisher wurde Nahrung von vielen lediglich als Kraftstoff gesehen, der verbrannt wird und Bewegungsenergie liefert. Ein ganz anderes Verständnis liefert uns das Ayurveda. Hier wird Nahrung in drei Kategorien eingeteilt: erstens in die Gruppe *Himmlische Glückseligkeit* – dazu zählen makellose, gesunde und frische Lebensmittel und solche, die ohne Gewalt gewonnen wurden. Der Effekt ist eine reine, klare Energie und Leichtigkeit. Hinzu kommen Emotionen wie Freude, Liebe und Freundlichkeit, die dadurch unterstützt werden. Daneben gibt es die *Egozentrische Dynamik*, dazu zählen frisch zubereitete und scharfe, stark gewürzte und sehr ölige oder auch fermentierte Lebensmittel. Diese Lebensmittel geben auch viel Energie, allerdings begünstigen sie auf emotionaler Ebene Sorgen und Reizbarkeit. Die dritte Kategorie im Ayurveda ist die *Dumpfe Trägheit*, dazu zählen Convenience Food, Fast Food, Konserven, Aufgewärmtes, alles Alte, lang vergorene Lebensmittel und Alkohol. Diese Lebensmittel rauben Energie, sie machen dumpf, träge und lustlos. Eigentlich merken wir es ja auch. Die Dose Erbsensuppe mit Wurst schenkt uns zwar erst mal genug Energie in Form von Kalorien, aber sie macht uns dann doch ziemlich träge. Ein frisch zubereiteter Salat mit gedünstetem Gemüse, Obst und Reis hingegen sorgt dafür, dass wir selbst nach dem Essen nicht in ein Energieloch fallen. Essen schenkt nämlich nicht nur Energie, sondern zuerst verbraucht der Körper Energie für die Verdauung. Und je dumpfer und fetter und verarbeiteter das Essen ist, desto müder werden wir. Das ist auch ein Grund, warum im *Kosha*-Modell Nahrung auf der Ebene des Körpers angesiedelt ist. Hier werde ich das Thema noch einmal ausführlicher aufgreifen.

4.5 Energie in der eigenen Berufung finden

Energie folgt den Gedanken. Sie fließt dorthin, worauf wir unseren Fokus richten. Wenn du dich die meiste Zeit sorgst, dir selbst erklärst, warum dies und das nicht funktionieren kann, weshalb es im Grunde klar ist, dass du scheitern wirst oder Probleme bekommst, werden sich deine Sorgen vergrößern. Aber auch das Gegenteil funktioniert: Wenn du etwas kreieren willst – ein Zuhause, ein Geschäft, Kunst, was auch immer –, dann wird dort hinein deine Energie fließen. Du entwickelst neue Ideen, schaust dir Magazine, Bücher, Bilder oder E-Tutorials an und lernst immer mehr über das, was du willst, wovon am Ende dein Vorhaben profitieren wird.

Energie folgt den Gedanken.

Wichtig ist an dieser Stelle, noch einmal zurückzublättern zu Kapitel 2. Auf der mentalen Ebene entscheidest du, was du aus deinem Leben machen möchtest, wohin du gehen möchtest. Energie folgt den Gedanken. Wenn du auf der mentalen Ebene einen klaren Fokus gefunden hast, werden sich auf der emotionalen Ebene auch deine Gefühle in diese Richtung bewegen. Dann steht dir auf der Ebene 4 mehr Energie zur Verfügung. Du merkst hier wieder, wie alle Ebenen miteinander zusammenhängen.

Warum stehst du morgens auf? Was gibt dir die nötige Motivation, in den Tag zu starten? – Es ist dein Ziel, deine Berufung. Wenn wir unsere Berufung kennen, ist das pure Energie. Im Modell der Pyramide ist dieser Punkt theoretisch auf der mentalen Ebene anzusiedeln. Dort haben wir ihn bereits ausführlich betrachtet – unsere inneren Bilder, unsere Sehnsucht. Und dennoch müssen wir diesem Thema auf der Ebene der Energie noch einmal Raum geben. Denn Fakt ist: Auch wenn Klarheit ein hohes Gut ist, schätzen viele Menschen sie nicht wirklich wert – weil sie gar nicht wissen, wozu sie Klarheit brauchen. Energie aber möchte jeder Mensch haben. Und Energie bzw. Motivation entsteht durch Klarheit.

Wenn du mental klar bist, den Sinn deines Lebens kennst, berührst du immer wieder den Zustand der Glückseligkeit. Das gibt dir so viel Motivation, dass du jeden Morgen voller Begeisterung und Energie aufstehst – eine Tatsache, die schon seit Jahrtausenden bekannt ist: Bereits der griechische Philosoph Aristoteles beschreibt in seinem Werk *Die Nikomachische Ethik*, dass derjenige, der seine Berufung kennt und dem Sinn seines Lebens folgt, Glückseligkeit erlangen wird.[41]

Glückseligkeit steht im Zentrum all unseres Fühlens, Handelns, Könnens und Wollens. Es geht aber dabei nicht nur um uns, sondern um die Frage, wie wir der Welt unsere Gaben schenken können. Wie können wir uns mit der Welt verbinden? Was braucht die Welt von uns? Jeder von uns hat individuelle Gaben. Jeder hat etwas zu geben. Um Glückseligkeit zu erlagen, bringen wir das, was wir lieben, was wir wollen und was wir können, mit dem in Einklang, was die Welt braucht.

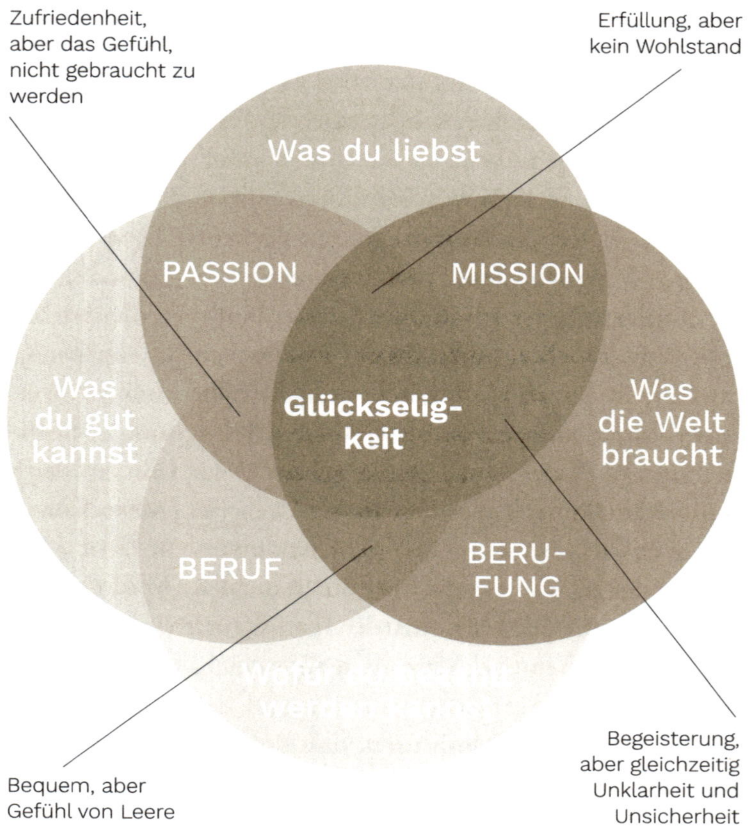

Von John Lennon erzählt man sich folgende Geschichte: Seine Mutter hatte ihm schon mit fünf Jahren erzählt, dass Glücklichsein der wahre Schlüssel zu einem erfüllten Leben ist. Als er in die Schule kam, fragte seine Lehrerin die ganze Klasse, was sie denn mal werden wollten, wenn sie groß sind. Der kleine John antwortete „glücklich". Die Lehrerin war verunsichert und sagte zu John, er hätte die Frage nicht richtig verstanden. John aber erwiderte, dass seine Lehrerin das Leben nicht verstanden hätte.[42]

Ich habe mit vielen Menschen gemeinsam nach ihrem persönlichen Weg geforscht, wie sie glücklich werden wollen. Dabei ist mir aufgefallen, dass es zwei Richtungen gibt, in die man sich selbst erforschen kann. Der erste Weg geht nach außen in die Welt hinein. Er führt in die Freiheit und entspringt eher den maskulinen Anteilen oder der Yang-Energie in uns. Von dem Eifer eines heiligen Paulus, der die Frohe Botschaft verkündigt, über Greta Thunberg, die das Klima retten möchte, bis zu Steve Jobs, der seinen technischen Ideen und seiner Passion folgte. Dann gibt es einen Weg, sein Glück zu finden, der nach innen geht: in liebevollen Beziehungen, in der Aufgabe als Mutter, in der Unterstützung von Teams durch das Verströmen von Liebe. Dieser Weg ist der Weg ins Herz, der dem Weiblichen oder dem Yin-Prinzip entspringt. Damit es an dieser Stelle nicht zu Missverständnissen kommt: Ich rede hier nicht von Frauen und Männern! Ich rede von Yin und Yang. Wir alle haben beide Anteile in uns.

Der maskuline Weg in die Glückseligkeit führt darüber, eine Profession zu finden, die sinnvoll ist, sich mit anderen in der Welt verbindet und die eigenen Talente zum Leuchten bringt. Der feminine Weg in die Glückseligkeit geht über die Erfüllung, über die Sehnsucht der Seele und des eigenen Herzens. Diese beiden Wege haben zwar viele Überschneidungen, aber sie setzen andere Akzente und werden dadurch dem Einzelnen gerechter.

Herauszufinden, was wirklich Glückseligkeit schenkt, ist gar nicht so einfach. Es braucht Zeit, Achtsamkeit und Intuition. Je klarer wir wissen, was wir wollen, was wir fühlen und was uns erfüllt, desto glücklicher und energiegeladener werden wir. Und wir kommen in Kontakt mit anderen und können so zu einem Segen für die Welt sein.

Übung Energieschub

Nimm dir Zettel und Stift und beantworte die Fragen in den vier Kreisen weiter vorne. Geh noch einmal zurück zu Kapitel 2, der mentalen Ebene. Dort hast du vielleicht die Fragen nach deiner Sehnsucht, deinen Schätzen und was dich in die Mitte bringt, beantwortet. Sei geduldig und nimm dir genug Zeit dazu; frage dein Umfeld, vor allem nach deinen Fähigkeiten und was sie an dir sonst noch schätzen. Bei anderen können wir manches leichter entdecken als bei uns selbst. Notiere dir alles. (Ein Hinweis hierzu: Manchmal können auch die Antworten, die auf den ersten Blick unsinnig oder nebensächlich erscheinen, wertvolle Hinweise geben!) Wenn du alle Fragen in beiden Kreisen beantwortet hast, bekommst du ein klareres Bild davon, was dich in die Glückseligkeit führt und was Sinn und Zweck deines Lebens ist. Das wird dir einen gewaltigen Energieschub geben. Viel Freude!

Liebe – und tu, was du willst.
Glaube – und erschaffe die Realität.
Lebe – hier und heute.
Segne – und sei ein Segen für die Welt.

Wohin mit all der Energie?

Zum Ende dieses Kapitels muss ich eine kleine Warnung loswerden: Ich bin immer wieder überrascht, wie viel Energie sich aufbaut, wenn ich über längere Zeit meditiere, atme und mich in der Natur aufhalte. Das Problem: Energie macht mich nicht automatisch zu einem ausgeglichenen und friedlichen Menschen. Sie kann sich auch in destruktiven Gedanken, Worten und Taten einen Weg bahnen. (Das ist auch der Grund dafür, warum die Yogis sehr vorsichtig damit waren, Energietechniken an andere weiterzugeben. Sie wollten so viel Kraft nicht in die Hände destruktiver Menschen legen.)

Am leichtesten verliert man Energie durch Wut und Ärger. Beides setzt unheimlich viel Energie frei. Durch die Jahrtausende brauchten wir diese Energie, um uns zu verteidigen, um zu kämpfen oder auch zu flüchten. Doch in unserer heutigen Zivilisation müssen wir unsere Konflikte anders lösen; wir können nicht einfach draufhauen, wenn uns etwas nicht passt. Die Energie dazu ist in Stresssituationen aber trotzdem da. Die Frage ist also, wie wir diese Energie konstruktiv nutzen können. Sport, Holz hacken, Yoga, spazierengehen, Rad fahren – all das sind Möglichkeiten, die Wut wieder abzubauen. Besser ist natürlich, durch regelmäßige Übungen wie im Aktiv-Teil beschrieben, gar nicht erst in die Wut zu kommen. Oder eben durch einen klaren Fokus auf Glückseligkeit sich durch das Auf und Ab des Lebens nicht triggern zu lassen. Verliere nie dein Ziel aus den Augen, dann ist deine Energie gut kanalisiert. Fokussiere dich. Auch mit viel Energie kannst du nicht alles gleichzeitig schaffen. Wenn du deine wahren Ziele kennst, lässt du dich auch nicht durch dein eigenes Drama ablenken.

Energie folgt den Gedanken. Lenke deine Gedanken daher stets auf das, was dich hier, heute und morgen von Herzen glückselig macht.

Spirituelle Ebene (1)
Spiritualität, Seele, Einheit mit Gott, Schicksal
Mentale Ebene (2)
Berufung, Lebensglück, Gedankenkraft, Denk- & Verhaltensmuster, Wissen, Intuition, Intellekt, Geist, Persönlichkeit, Werte
Emotionale Ebene (3)
Glücksgefühle, Liebe, Seligkeit, Lebenslust, Gelassenheit, emotionale Reife, Angst, Trauer, Wut
Energetische Ebene (4)
Vitalität, Power, Energiehaushalt, Natur, Licht, Atem, Regenerationskraft, Ausdauer, Berufung
Körperliche Ebene (5)
Physischer Körper, Gesundheit, Bewegung, Körperwahrnehmung, Muskeln, Organe, Hormone, Nervensystem, Selbstheilungskräfte, Nahrung

5.

DIE KÖRPERLICHE EBENE

Resonanzraum der Glückseligkeit

Für mich war und ist mein Körper etwas Heiliges. Das etwas so Komplexes überhaupt funktioniert, ist an sich schon unfassbar. Dass mein Körper darüber hinaus meinem Geist und meiner Seele eine Heimat gibt, ist ein absolut atemberaubendes Wunder. Ohne einen Körper, in dem die Seele wohnen kann, könnte sie all die vielfältigen Erfahrungen, die ein menschliches Leben bereithält, gar nicht machen.

Natürlich kann unsere Seele ohne einen Körper existieren. Sie weilt bei Gott und fühlt nichts anderes als Glückseligkeit. Aber diesen glückseligen Zustand gibt die Seele auf, um zu reifen, um zu wachsen, um das Abenteuer des Lebens im wahrsten Sinne des Wortes zu be-greifen, zu verstehen, zu erfahren. Dabei können unsere Seelen, nachdem sie sich in einen Körper inkarniert haben, auf unterschiedlichste Arten miteinander interagieren. Dieser Gedanke, dass auch deine Seele ewig ist, sich vor vielen Jahren in deinen Körper inkarniert hat, um genau dein Leben zu leben, ist dir vielleicht neu. Aber gib dir etwas Zeit, dieser Sichtweise nachzufühlen. Du wirst sehen, dass etwas in dir auf diesen Gedanken anspricht, dass sich etwas in dir regt, dein Sein dem zustimmt und es bejaht.

Im Barock war den Menschen noch sehr bewusst, dass die Lebensspanne hier auf der Erde nur ein Augenblick im Angesicht der Ewigkeit ihrer unsterblichen Seele ist. Die Kunst dieser Epoche ist voll von Symbolen und Szenen, die daran erinnern sollen, dass wir sterblich sind. Immer wieder weisen Gemälde und Skulpturen darauf hin: Dein Körper ist sterblich. Nutze den Tag! *Carpe diem!* In Decken-

> *Die Glückseligkeit bei Gott gibt die Seele auf, um zu reifen und das Abenteuer des Lebens zu begreifen.*

malereien oder großformatigen Wandgemälden wird der Betrachter von der Lebendigkeit und Körperlichkeit der Figuren zum vollen Leben motiviert. Gleichzeitig findet sich oft am unteren Rand des Gemäldes, unterhalb der Augenhöhe des Betrachters, ein Totenschädel mit zwei gekreuzten Knochen darunter. Mahnung und Erinnerung: „Jeder einzelne Tag in unserem Körper ist ein wertvolles Geschenk. Nimm dieses Leben nicht als selbstverständlich hin. So jung wie heute bleibst du nicht; lebe dein Leben, als wäre heute der letzte Tag!"

Ein Gemälde in der Bonner Kreuzbergkirche, in der ich vor Jahren Besuchergruppen führte, verdeutlicht diese Spannung zwischen Leben und Tod, zwischen Freude und Schmerz nur allzu gut. Es zeigt Gott Vater im Himmel, der beschließt, die Welt zu erlösen, und seinen Entschluss im Himmel kundtut. Um sein Vorhaben umzusetzen, braucht er einen Boten, der seine Botschaft den Menschen auf der Erde mitteilt. Freiwillige vor, wer möchte? Sein eigener Sohn hebt die Hand und meldet sich für den irdischen Auftrag.

Das Bild verheimlicht nicht, dass das Leben auf der Erde nicht nur schöne, sondern auch schmerzhafte Erfahrungen mit sich bringt. Das Kreuz und die Folterinstrumente werden dem Freiwilligen gezeigt. Dennoch bleibt Jesus bei seinem Entschluss, die Komfortzone Himmel zu verlassen, ein Leben auf der Erde mit allen Höhen und Tiefen zu durchleben und seinen ganz persönlichen Auftrag, seine Berufung zu erfüllen.

Dieses Gemälde ist auch ein Spiegel für unsere eigene Seele. Wir alle haben die Chance bekommen, die Komfortzone Himmel zu verlassen, ein Leben mit seinen Höhen und Tiefen zu erleben und unserem ureigensten Wesen mit einem ganz individuellen Körper und einer einmaligen Persönlichkeit Ausdruck zu verleihen.

5.1 Der Körper als Tempel der Seele

„Tu deinem Körper Gutes, damit deine Seele Lust hat, darin zu wohnen."

Teresa von Ávila

Vielfach wird der eigene Körper eher als Lagerraum, Abstellkammer oder Fabrik missbraucht. Er soll funktionieren, ohne dass wir ihm die nötige Pflege schenken. Wir erwarten jeden Tag einwandfreien Betrieb, alles soll bitte wie selbstverständlich reibungslos laufen; das Wunder des eigenen Lebens, all die so vielschichtigen und komplexen Prozesse von Atmung, Zellbildung, von Hormonen, Kreislauf, Verdauung, Bewegung, Nervenübertragung nehmen wir einfach hin, ohne zu staunen und ehrfürchtig zu werden. Dabei sollte das Gegenteil der Fall sein: Wir müssten unseren Körper bestmöglich unterstützen, ihm das geben, was er für einen optimalen Betrieb benötigt, anstatt ihn mit Giften zu verunreinigen und seine Funktionen durch Trägheit einzuschränken. Wir sollten alles dafür tun, um heil zu werden und zu bleiben, denn in diesem kostbaren Gefäß wohnt unsere Seele. Unser Körper beherbergt einen Schatz, und wenn er zerfällt, hat die Seele kein Zuhause mehr auf dieser Welt. Das Abenteuer Leben ist dann für sie zumindest in diesem Menschen vorbei.

Mein Körper ist der Tempel meiner Seele
Dein Körper ist der Tempel deiner Seele. Er ist heilig. Halte einen Moment inne. Lass dich ganz auf diesen Gedanken ein. Verkoste diese Erkenntnis, lass dich ganz von ihr durchdringen. Mein Körper ist der Tempel meiner Seele. Schließe deine Augen und spüre dem nach.

Wenn der Körper der Tempel der Seele ist, wie würdest du diesen Tempel betreten? Wie würdest du ihn pflegen? Worüber würdest du staunen?

Wenn wir einen Tempel betreten, sind wir achtsam, ehrfürchtig. Alles hier ist heilig. Selbst Menschen, die keinen Bezug zum Glauben haben, lässt ein solches Bauwerk nicht kalt. Es ist ein besonderer Ort, an dem man sich besonders verhält. Wir hören auf zu reden, rennen nicht herum, schalten das Handy auf stumm und werden still. In eine Moschee können wir nicht eintreten, ohne uns vorher zu waschen, zu reinigen. Genau so können wir uns unserem eigenen Körper gegenüber verhalten: voller Ehrfurcht, Achtsamkeit, Liebe und Dankbarkeit.

Es gibt Ärzte, die behaupten, jeder Mensch sei selbst verantwortlich für seine Krankheiten. Denn letztlich entscheidet unser Lebensstil, ob wir gesund oder krank sind. Natürlich will niemand freiwillig krank werden oder sich der Gefahr eines Unfalls aussetzen. Und dennoch bin ich der Meinung, dass an der Aussage etwas dran ist. Viele Naturheiler aus Ost und West wissen, dass es wenig Sinn macht, lediglich die Symptome einer Krankheit zu bekämpfen. Krankheiten des Körpers sind Botschaften an die Seele und an den Geist, egal, wie robust oder fragil die eigene Konstitution ist. Wir sollten jede

Krankheit des Körpers als elementaren Hilferuf ernst nehmen, hinhören und unser Leben so ändern, dass unser natürlicher Gesundheitszustand ein Leben lang erhalten bleibt.

Fühl in dich hinein: Was ist die Botschaft deiner letzten Krankheit? Falls du eine Ahnung hast, wofür sie steht – hast du etwas an deiner Situation geändert? Nahezu neunzig Prozent aller Krankheiten lassen sich auf Stress zurückführen. Stress ist die Pest unserer Zeit. Wir sterben zwar nicht sofort daran, aber die Lebensqualität sinkt. Selbst unseren eigenen Kindern muten wir ihn zu und sind sogar stolz, wenn wir uns damit brüsten können, was wir ihnen alles aufhalsen. Leistung bringen, mehr arbeiten, schneller lernen. Wir setzen uns selbst so sehr unter Druck. Dabei sollten wir alles tun, um Stress zu vermeiden und Glückseligkeit zu fördern.

Wir sind exzellente Verdrängungskünstler und verstehen es, ungesunde Angewohnheiten oder falsche Ernährung als nicht so wichtig abzutun. Viel zu oft gaukeln wir uns und anderen etwas vor, wenn wir behaupten, uns gesund zu ernähren. „Kleine Sünden" werden als zu vernachlässigende Komponente abgetan, wodurch sich am Ende dann doch eine beträchtliche Menge ungesunder Snacks zusammenläppert. Und auch hier ist es der Stress, der dazu führt, dass wir Nahrung nicht zu uns nehmen, um unseren Körper mit dem zu versorgen, was er braucht, sondern stattdessen Kaffee, Schokolade, Chips oder Alkohol als Aufputsch- oder Betäubungsmittel missbrauchen.

Dein Körper ist der Tempel deiner Seele und das Fundament, auf dem die Pyramide deiner Glückseligkeit thront. Wenn das Fundament Risse hat oder bröckelt, kann es die anderen Ebenen nicht mehr tragen. Eine praktische Alltagsstütze kann hierbei sein, sich bei allem, was man tut, zu fragen: Stabilisiert das meinen Körper – oder destabilisiert es ihn?

5.2 Glückselig durch Bewegung

Ich war lange auf der Suche nach einem ganzheitlichen spirituellen Weg. Der Schwerpunkt bei allem, was ich in der christlichen Mystik und im Zen fand, war mir zu kopflastig. Spirituelle Menschen scheinen hauptsächlich zu sitzen und zu lesen. Mein Körper meldete sich, er brauchte Bewegung. Nein, anders: Er braucht Bewegung! Bis heute gehe ich zwei bis drei Mal ins Fitnessstudio und stemme Gewichte. Damals hätte ich gedacht, das ist eines spirituellen Menschen nicht würdig. Aber ich merke, dass es mir sehr guttut. Ich fühle mich pudelwohl, wenn ich mich sportlich auspowern kann. Anschließend sitze ich tief entspannt auf meiner Meditationsmatte und lasse mich in die Glückseligkeit hineintragen.

Bewegung macht glückselig.

Aber du musst nicht ins Fitnessstudio rennen, um deinem Körper zu geben, was er braucht. Es gibt einfache Übungen, die sich leicht in den Alltag einbauen lassen, um unser Fundament, unseren Körper zu stärken. Wenn wir gesund sind und uns in unserem Körper wohlfühlen, ermöglicht uns das, uns glücklich und selig zu fühlen, unabhängig davon, was um uns herum geschieht.

Die wichtigste Erkenntnis lautet: Bewegung macht glückselig. Ich selbst praktiziere regelmäßig eine Abfolge von Yoga-Übungen, die den Körper flexibel halten, die dafür sorgen, dass es im Körper keinen Energie-Stau gibt und dabei helfen, ein hohes Energie-Niveau halten zu können.[43] Die Asanas (Halteübungen) wirken direkt auf die Hormondrüsen. Durch Yoga werden Stresshormone abgebaut, Glückshormone ausgeschüttet und gestaute Energie – eine häufige Ursache für Wut – kann gelöst werden. So kann, wer regelmäßig Yoga praktiziert, nicht nur Stress und Ärger lösen, sondern hat diese Energie für andere Dinge zur Verfügung.

So, wie ich Yoga gelernt habe, wird durch die Bewegungsabläufe nicht nur der Körper beeinflusst, sondern auch andere Ebenen (Energie und Emotionen) mit bearbeitet. Das ist ein entscheidender Unterschied zum herkömmlichen Sport. Je nachdem, mit welcher inneren Haltung wir Yoga praktizieren, wird es zum Gebet. Ich bin ein Fan von *Dru* Yoga[44] und unterrichte diesen Stil auch. Das Besondere ist, dass jede Übung nicht nur auf der körperlichen Ebene gelehrt wird, sondern stets auch die anderen Ebenen, die ich hier in diesem Buch beschreibe, berücksichtigt. Wenn du im Dru Yoga einen Sonnengruß machst, liegt der Fokus natürlich zuerst auf der Bewegung. Zweitens achte ich auf den korrekten, vollen Atem. Durch das gleichzeitige Visualisieren der Sonne, die durch den Körper wandert, aktiviere ich die emotionale und die mentale Ebene. Zu guter Letzt ist diese Übung ein Gebet und verbindet mich mit dem Göttlichen, dem Universum. Dieser Stil ist äußerlich sanft und fließend, innerlich kraftvoll und transformierend. Zudem sind die Übungen so entworfen, dass der Aktivierung des Herzens und damit der Liebes- und Beziehungsfähigkeit besondere Beachtung geschenkt wird.

Wenn wir über Körper und Bewegung sprechen, dann möchte ich an dieser Stelle noch einmal auf die vierte Ebene, die Ebene der Energie verweisen. Dort ging es bereits ausführlich um die Kraft, die in der Natur verborgen liegt. Bewegung allein ist gut, Bewegung in der Natur aber ist noch um einiges besser und hilfreicher, um der Glückseligkeit näher zu kommen. Dass achtsam draußen zu sein glücklich macht, zweifelt wohl niemand an. Wenn wir auf unsere Seele hören würden, wären wir täglich in der Natur. Wie aber überzeugen wir unseren Geist und unseren Körper davon? Der Geist hat immer viel zu tun, die Arbeit ruft, der Haushalt erledigt sich auch nicht von selbst. Hinzu kommt, dass unser Körper, je weniger Bewegung wir ihm gönnen, umso mehr mit Beharrlichkeit das Sofa vorzieht.

Wie in der Geschichte vom Geist und dem Mädchen können wir hier mit einem einfachen Trick arbeiten und unseren Verstand zum Verbündeten machen, indem wir ihm eine Aufgabe geben. Erinnere dich: Der Geist liebt es, Lösungen für Probleme zu finden, uns Wünsche zu erfüllen. Also erklären wir ihm das Problem und bitten ihn um seine Hilfe. Wir holen ihn mit ins Boot, indem wir ihm klarmachen, dass er, um weiter gut zu funktionieren, einen gesunden Körper braucht. Jetzt muss der Geist sich mit dem Problem auseinandersetzen, wie er den Körper gesund erhält. Er kann eine Aufstellung machen: Wie viel Zeit bekommt er selbst für seine Arbeit, wie viel Zeit bekommt der Körper für Bewegung und wie viel Zeit wird der Seele gegeben, sich draußen in der Natur mit ihrem Schöpfer zu verbinden? Sobald dein Geist den Umfang festgelegt hast, kann er die nächste Woche planen und dir die Zeiten in deinen Kalender eintragen.

Diese Balance zwischen Bewegung, geistiger Arbeit und Zeit für die Seele pflegen Mönche und Ordensschwestern seit Jahrhunderten mit dem Leitspruch *ora et labora* („Bete und arbeite"). Durch eine klare Tagesstruktur, die Zeiten für Gebet, Andacht bzw. Meditation (Seele), für das Studium (Geist), für Arbeit (Körper), Mahlzeiten (Energie) genauso wie für Gesang (emotionale Ebene) einräumt, entsteht eine heilende und tragfähige Balance in ihrem Leben.

Die Balance zwischen Bewegung, geistiger Arbeit und Zeit für die Seele pflegen Mönche und Ordensschwestern seit Jahrhunderten.

Sie leben in einem Setting, das alle fünf Ebenen miteinander in Harmonie bringt. Selbst die Orte, an denen die Klöster errichtet wurden, sind häufig Kraftorte, die über eine besondere Energie verfügen. Wer hingegen morgens durch den Berufsverkehr zur Arbeit fährt, den ganzen Tag vor dem Computer sitzt, Abgabedruck hat, abends nach Hause kommt und dann wieder vor dem Bildschirm auf dem Sofa sitzt, ist definitiv nicht in Balance.

Es gibt noch eine weitere Form von Bewegung bzw. körperlicher Anstrengung, die vor allem dann ins Spiel kommen kann, wenn wir Urlaub machen oder uns für ein paar Tage freischaufeln können: pilgern. Das Pilgern ist eine Form der Bewegung, die Leib und Seele heilen kann. Es ist eine enorme körperliche Anstrengung, die demjenigen, der sich auf den Weg begibt, alles abverlangt. Nicht wenige geben schon vor der Hälfte des Weges auf, weil sie den körperlichen Strapazen nicht gewachsen sind – oder den seelischen. Doch trotz der Anstrengungen bleibt bei denen, die bis zum Ende durchhalten, eine dauerhafte, tiefe Glückseligkeit.

Man muss aber nicht gleich vier Wochen am Stück pilgern, um eine Idee davon zu bekommen, welche Kraftquelle sich in dieser Form der Bewegung verbirgt. Schon eine drei- bis fünftägige Pilgerreise wirkt wahre Wunder für die Seele. Vor einigen Jahren trat ich meine erste Mini-Pilgerreise an. Ich startete mit einem Kollegen von St. Gallen aus Richtung Einsiedeln und weiter über einen steilen Pass nach Schwyz. Äußerlich waren die Bedingungen nicht einladend; Glücksgefühle waren angesichts des durchwachsenen Wetters mit Regen kaum zu erwarten. Dennoch löste die körperliche Anstrengung während der dreitägigen Pilgerreise in mir eine tiefe seelische Freude aus. Vielleicht war es das Adrenalin, vielleicht war es die Verbundenheit mit meinem Kollegen. Ich vermute aber, dass es das Eintauchen in das eigene Herz war und die tiefe Verbindung mit dem Wetter und den Bergen. Sich mal nicht sorgen müssen. Keine To-do-Listen abarbeiten. Einfach pilgern, im Hier und Jetzt sein und in Gedanken und Gefühlen stets beim Höchsten. Die vollständige Verbindung aller fünf Ebenen in dieser unfassbar schönen und Ehrfurcht einflößenden Umgebung tat mir so gut. Alles in mir schien zu verschmelzen: Mein Tun, mein Fühlen, meine Gedanken und meine Ausrichtung auf meinen eigenen göttlichen Wesenskern – diese einmalige, völlig ausbalancierte Verbindung erweckte in mir eine tiefe Glückseligkeit.

5.3 Mit Leib und Seele genießen

Nicht nur Bewegung gehört zur Ebene des Körpers, sondern genauso unsere Ernährung. Natürlich hat, was, wann und wie wir essen, einen großen Einfluss auf unsere Energie und damit auf unsere Emotionen. Doch da Nahrung nicht nur Energie schenkt, sondern sie bei der Verdauung erst einmal verbraucht, ist sie im *Kosha*-Modell auf der Körperebene angesiedelt.

Jede Seele, die sich in einen Körper inkarniert, hat zunächst mal großes Glück gehabt. Dafür dürfen wir unseren Dank auch gerne ausdrücken, indem wir unserem Körper gesunde Nahrung zuführen. Dabei müssen wir ganz klar zwischen *Nahrungs-* und *Lebens*mitteln unterscheiden: Längst nicht alles, was wir unserem Körper zuführen, ist ein (Heil-)Mittel zum Leben! Ziel unserer Ernährung sollte

Dankbarkeit und Achtsamkeit beim Essen sind wichtige Faktoren, um Glückseligkeit auf der körperlichen Ebene zu erreichen.

sein, unserem Körper die ideale Grundlage zu geben, sodass alle mentalen, emotionalen und vitalen Prozesse so optimal wie möglich ablaufen können – also echte Lebensmittel wie Obst und Gemüse, Nüsse, ausreichend sauberes Wasser und nachhaltig produzierte Proteine. Fertiggerichte und verarbeitete Lebensmittel gilt es möglichst zu vermeiden. Damit meine ich alles, was zwar lecker schmeckt, weil es z. B. mit Geschmacksverstärkern angereichert wurde, aber arm an Nährstoffen ist, wie Weißbrot, prozessierte Nahrung (also solche, die bereits verarbeitet wurde) oder schlicht und einfach „zu viel". Ich will hier keine Listen schreiben mit Lebensmitteln, die ich für gut halte, und solchen, die ich meiden würde – dafür gibt es ausreichend andere Ratgeber. Und versteh mich nicht falsch: Du sollst nicht mit hängenden Mundwinkeln faden Haferschleim in dich hineinschaufeln! Im Gegenteil: Du sollst dein Essen wertschätzen! Denn es erhält deinen Körper. Dankbarkeit und Achtsamkeit beim Einkaufen, Kochen und Genießen sind wichtige Faktoren, um Glückseligkeit auf der körperlichen Ebene zu erreichen.

Meine Beobachtung ist, dass viele Menschen, die unglücklich und unzufrieden mit sich und ihrem Leben sind, auch Lebensmittel essen, die zwar kurzfristig das Belohnungssystem im Gehirn bedienen, aber langfristig zu chronischen Krankheiten oder zumindest Unzufriedenheit führen. Gerade die Lebensmittel, die viele von uns nutzen, um Glücksgefühle zu erzeugen, sind genau die, die langfristiges Glück am meisten behindern. Dazu zählt kurz gesagt alles, was süß, fettig und verarbeitet ist. Darauf springt unser Hirn leider an. Hochwertige und frische Lebensmittel zu genießen, spricht wie die Bewegung in der freien Natur hingegen alle Sinne an und schenkt uns Gesundheit, Leichtigkeit und Freude. Frisches Obst leuchtet in bunten Farben, duftet herrlich und schmeckt einfach so viel besser als solches, das anstatt in der Sonne im Kühlhaus nachgereift ist. Essen ist Genuss. Essen ist ein Geschenk. Koste es! Liebe es! Sei deinem Essen dankbar. Vor allem aber: Nimm dir Zeit.

Schon beim Zubereiten der Speisen zünde ich eine Kerze an. Die Intention ist, dass sich so das Licht, der Segen und die Kraft der Heilung in den Speisen entfalten können. Wir können die Schwingung unserer Speisen erhöhen, indem wir schon beim Kochen singen oder beten. Was für spirituelle Menschen eine Jahrtausende alte Praxis ist, hat Dr. Masaru Emoto[45] wissenschaftlich nachgewiesen. Mit seiner Erfindung der Wasserkristall-Fotografie gelang es ihm, sichtbar zu machen, was sensitive Menschen schon immer gespürt haben: Wasser nimmt Schwingungen, also Informationen verschiedenster Art auf. Dazu zählen Gefühle, Gedanken, Gebete und Gesänge. Unsere Nahrung und unsere Körper bestehen zum größten Teil aus Wasser. Alles schwingt in seiner eigenen Frequenz. Je „höher“ die Nahrung und das Wasser, das wir zu uns nehmen, schwingen, desto höher schwingen wir.

Gerade verarbeitete Nahrung hat eine sehr niedrige Schwingung. Sie schadet uns umgehend. Wenn wir achtsam sind und in uns hineinfühlen, merken wir schon nach ein paar Minuten oder Stunden, wie uns solche Nahrung runterzieht. Das, was wir unmittelbar an Positivem spüren, ist lediglich das ausgeschüttete Dopamin. Dieses wird aber schnell wieder abgebaut, und wir fühlen uns schlapp. Das ist ein Relikt aus der Steinzeit: Fett und Zucker halfen uns damals zu überleben, deshalb schüttet unser Gehirn leider heute noch Dopamin aus, wenn wir uns einen süßen Riegel reinziehen. Wir können das aber umgehen, indem wir uns bei den Nahrungsmitteln, die wir zu uns nehmen, genau überlegen, wie die Schwingung ist und wie wir uns in einer Stunde fühlen werden, nachdem wir das entsprechende Nahrungsmittel gegessen haben. (Fett ist übrigens dabei gar nicht das Problem, sondern die Art der Verarbeitung. Es werden viele Zusatzstoffe beigefügt. Durch die Verarbeitung wird der Nahrung ihre Schwingung geraubt.)

Wenn ich ein frisch gebackenes Brot anschneide, nehme ich es dankbar in meine linke Hand. Das Brotmesser halte ich in der Rechten. Ich spreche die Zeile aus dem Vaterunser: „Unser tägliches Brot gib uns heute." Dabei ritze ich mit dem Brotmesser ein Kreuz auf die Unterseite des Brotes. Dann schneide ich es an. So bin ich ganz im gegenwärtigen Moment und ich entspanne mich in die Dankbarkeit hinein, dass für alles zur richtigen Zeit gesorgt wird.

Gott und der erste Bissen

Bevor du den ersten Bissen nimmst, warte einen Moment und fühle in dich hinein. Iss langsam und ganz bewusst diesen ersten Bissen. Fühle, wie Glückseligkeit dich durchströmt! Dieses wunderbare Gefühl liegt hinter dem guten Geschmack und auch hinter dem Aufatmen des Körpers, wenn du hungrig den ersten Bissen Nahrung zu dir nimmst. Was du jetzt fühlst, ist die Gegenwart Gottes.

In meiner Familie und in dem Dorf, aus dem ich komme, wird bei Festen ganz selbstverständlich Bier und Wein getrunken. Alkohol gehört einfach dazu, ist stets präsent, sobald sich mehrere Menschen gesellig zusammenfinden. Als ich meine zweite Yoga-Ausbildungswoche beendet hatte und für das Wochenende zu einer Feier in meine Heimat fuhr, merkte ich eine tiefgreifende Veränderung. Üblicherweise trank ich dann auch ein

Gläschen, weil es mich bis dahin immer entspannt und meine Stimmung gehoben hatte. Aber ich war entspannt, und meine Stimmung war ausgezeichnet. Ich trank mein erstes Bier und es passierte … nichts. Das Gefühl der Entspannung fehlte, da ich durch die Arbeit an meinen fünf Schichten in einem viel glückseligeren Zustand war und bin, als ich durch Wein oder Bier je erreichen könnte. Ich verzichtete auf weitere Gläser Alkohol und genoss die Party. Bier und Wein haben seit dieser Zeit keinerlei entspannende Wirkung mehr auf mich.

Mein inneres Glücksempfinden liegt über dem, was Alkohol hergibt. Natürlich bin ich als eingeborener Rheinländer jeder Party gegenüber sehr offen. Ich habe auch nicht dem Alkohol abgeschworen, aber er senkt meine Stimmung eher auf das allgemeine Niveau runter, anstatt dass er mich von Stress oder Druck ablenkt. (Bei Schokolade kann ich das zwar noch nicht sagen, aber auch ich bin nur ein Mensch!)

Essen und Präsenz

Wenn du isst, dann iss. Versuche, dein Essen mit allen Sinnen wahrzunehmen. Das Handy bleibt aus und die Zeitschrift im Regal. Ja, ich weiß, das ist schwer. Unser Gehirn giert nach Neuigkeiten. Aber während des Essens sollst du den Fokus auf die Seele legen und nicht dem neugierigen Geist nachgeben. Der Begriff Soulfood bringt es auf den Punkt: Essen, das die Seele nährt. Wer beim Essen das Glück des Augenblicks entdeckt und die Liebe schmeckt, die hineingeflossen ist, der legt das Fundament für sein spirituelles Wachstum.

5.4 Sex und Glückseligkeit

„Die Sexualität ist die eigentliche Quelle der Spiritualität."

Anselm Grün[46]

Sexualität und Glückseligkeit gehören für jeden Mystiker untrennbar zusammen. Doch durch eine kulturelle Fehlleistung apokalyptischen Ausmaßes haben wir auseinandergerissen, was zusammengehört. Es waren nicht nur die Mächtigen innerhalb der religiösen Institutionen selbst, die aus der Abkopplung des Körperlichen von der Spiritualität einen Vorteil für die Stärkung ihres Einflusses sahen. Männer und Frauen aus allen Schichten waren und sind skeptisch gegenüber einer unkontrollierten Sexualität. Aus dieser Skepsis heraus wird das Erleben der eigenen Lust nicht auf gesunde und reflektierte Art gefördert, sondern schnell in die Schmuddelecke gedrängt und tabuisiert. Das führt dazu, dass man sowohl bei sich selbst als auch bei anderen ein ekstatisches sexuelles Erleben misstrauisch beäugt.

Sex wurde mit Sünde gleichgesetzt, was dazu führte, dass selbst der erlaubte Zweck, nämlich die Zeugung von Nachkommenschaft, stets mit Scham und einem schlechten Gewissen einherging und keinen Spaß mehr machte – weder ihm noch ihr. Kein Wunder also, dass sich gerade die Porno- und Sexindustrie auf der anderen Seite als Befreier feiert. Dabei ist sie es, die im selben verheerenden Ausmaß dafür sorgt, dass Sexualität und Spiritualität zerrissen bleiben.

Der Theologe und Psychotherapeut Wunibald Müller bringt es in seinem Buch *Küssen ist Beten. Sexualität als Quelle der Spiritualität*[47] auf den Punkt: Sexualität und Spiritualität sind zwei Seiten derselben Medaille. Trennt man sie voneinander, wird einerseits die Religion kraftlos, und andererseits vermag Sexualität nicht mehr, uns zu erfüllen. Wir bleiben leer und auf der Suche. Leidenschaftlich gelebt und in ihrer Tiefe gefühlt, ist Sexualität jedoch eine Quelle lebendiger Spiritualität und Glückseligkeit. Ich möchte Mut machen, sich auf das Abenteuer einzulassen, den eigenen Eros als Weg zu Gott zu entdecken. Nicht nur im indischen Tantra, auch in der christlich-jüdischen Tradition gibt eine wunderbare Sichtweise, die Sexualität als Gebetsform und Weg einer persönlichen Spiritualität preist und würdigt. Sex ist eine Quelle der Lebendigkeit, Fantasie und Kreativität und zugleich ein aufregender spiritueller Weg, der Glückseligkeit bei jeder Berührung und bei jedem Kuss verspricht.

Vor einigen Jahren war ich in Galiläa in Israel auf Reisen. Ich kam durch die Künstlerstadt Safed. Safed galt als wichtiger Ort jüdischer Gelehrsamkeit und Mystik. Als ich während der Mittagshitze durch die malerischen Gässchen ging, zog mich ein Laden mit wunderschönen Kalligrafien in seinen Bann. Ich bestaunte die Kunstwerke. Der Kalligraf fing ein Gespräch mit mir an. Er fragte mich, was das wichtigste Buch der Heiligen Schrift sei. Er ergänzte: „Du findest es, wenn du die Heilige Schrift genau in der Mitte aufschlägst." Ich brauchte nicht lange zu überlegen. „Das Hohelied Salomons", antwortete ich. „Richtig!", strahlte der Mann. „Und wovon erzählt es?", fragte er weiter. – „Von Erotik und der Liebe zwischen Mann und Frau. Der junge König und die schöne Sulamith erleben ihre erblühende leidenschaftliche Liebe." Ich kannte das Buch. Dieses prickelnde orientalische Liebesgedicht hat es tatsächlich exakt ins Zentrum der Bibel geschafft.[48] Auf Hebräisch bedeutet es sinngemäß „Das schönste aller Lieder". Der Mann im Laden erzählte weiter. „Wenn Gott die Liebe ist und die leidenschaftliche, erotische Liebe im Zentrum seiner Heiligen Schrift steht, was können wir Menschen dann tun, um Gott zu begegnen und unser Leben zu segnen? Lieben, uns lieben lassen und unseren Eros als Geschenk Gottes und Weg zu Gott annehmen. Und dabei in göttlicher und körperlicher Glückseligkeit auch uns selbst erkennen."

Polarität und Anziehungskraft

Unsere Seele ist von Glückseligkeit, Liebe und grenzenloser Freiheit erfüllt. Ohne Verbindung zu unserer Seele und damit zur Fülle, spüren wir eine tiefe Sehnsucht in uns, die wir allzu oft mit den falschen Mitteln zu stillen versuchen. Unser Leben fühlt sich stumpf an, wie ein abgestandenes Glas Sekt. Das Kribbeln fehlt. Auch bei scheinbar idealen äußeren Voraussetzungen sind wir unzufrieden, suchen ständig nach etwas, das uns reizt, und lenken uns dabei doch nur vom Wesentlichen ab. Glückseligkeit können wir erst erfahren, wenn wir spüren, was wir sind – Wesen mit Geist und Körper. Das Weibliche fühlt Glückseligkeit, indem es lernt, als Liebe zu leben, anstatt auf sie zu hoffen. Das Männliche in uns spürt Glückseligkeit, indem es lernt, als Freiheit zu leben, anstatt darum zu kämpfen.[49] Beide Wege, so unterschiedlich sie auch sind, führen in die Glückseligkeit, weil wir auf ihnen unserem wahren Selbst, unserer Seele entgegengehen. Wir akzeptieren unsere Unvollkommenheit als einzelnes Individuum, das auf Ergänzung angewiesen ist, und machen damit den Weg frei zur Vereinigung und zur Vollkommenheit. Nirgendwo ist das offensichtlicher als bei der Umarmung zweier Liebender, deren Spiel der sexuellen Polarität zur Vereinigung führt.

Voraussetzung ist auch hier, dass wir Sexualität nicht nur rein körperlich ausleben, sondern genauso wie bei der Erfahrung der Natur jede einzelne Ebene von ihr aufladen lassen – energetisch, emotional, mental bis zur Spitze der Pyramide.

Die Seele will mit ins Bett! Körperliche Liebe, Berührung, Zärtlichkeiten und Sex sind ein Schlüssel, alle Ebenen der Pyramide, also alle Schichten des Menschseins gleichzeitig erfahren zu dürfen.

Es heißt, dass Gott den Menschen als Mann und Frau schuf. Seit Sigmund Freud wissen wir, dass jede Frau und jeder Mann männliche und weibliche Anteile in sich trägt. Unser weiblicher Anteil sehnt sich nach tieferer Liebe und versucht eine intime Beziehung, Familie oder Freunde zu finden. Das Männliche in uns kämpft um Freiheit und versucht, sie über finanzielle, kreative oder politische Herausforderungen zu erreichen.

Unsere Seele will mit ins Bett.

Ich glaube, wir müssen uns Beziehungen als Polarität vorstellen. Gott schuf den Menschen, und er schuf ihn als Mann und Frau. Das Männliche und das Weibliche sind nicht anerzogen, die Schöpfung hat uns polar und aufeinander bezogen geschaffen – wie Magneten, die sich anziehen, wie den Plus- und den Minuspol bei der Elektrizität. Ohne Polarität fließt keine Energie. Aus der östlichen Spiritualität kennen wir Yin und Yang. Der Pluspol Yang verkörpert das männliche Prinzip, der Minuspol Yin das weibliche, wobei die Anteile von Individuum zu Individuum schwanken. Wir alle tragen Teile beider Pole in uns, und unsere Gesellschaft bietet eine breite Palette unterschiedlicher Ausprägungen an: von sehr femininen Frauen über Frauen mit hohem maskulinem Anteil über Männer mit viel femininer Energie bis hin zu sehr maskulinen Männern. Alles ist gleich gut, schön und vor allem liebenswert. Eines bleibt immer gleich: Das Maskuline fühlt sich vom Femininen angezogen, und das Feminine fühlt sich vom Maskulinen angezogen.

Kreislauf der Glückseligkeit

Wenn der Energiekreislauf zwischen Mann und Frau zu fließen beginnt, geht das mit einem pulsierenden, glückselig machenden Strom einher. Beide laden sich mit den Energien des anderen auf, was zu Harmonie und Ausgeglichenheit führt. Wenn die Frau sich öffnet, nimmt sie die Energie des Mannes in sich auf und ihr eigener Energiefluss wird verstärkt.[50] Es geht hier auch um ein emotionales Öffnen und um die Bereitschaft, den eigenen Partner ganz auf- und anzunehmen. Die Frau ist dazu nur dann bereit, wenn sie spürt, dass der Mann ihre Liebe annehmen kann. Um ihm auf körperlicher Ebene das zu geben, wonach der Mann sich sehnt, braucht die Frau auf der emotionalen Ebene eine Öffnung. Alexandra Schwarz-Schilling beschreibt in ihrem Artikel *Die Polarität der Geschlechter*, wie die Energien in diesem Kreislauf potenziert werden und die Ebenen des Seins wechseln. Sie dringen von der körperlichen Ebene des Mannes hinaus in die Frau und fließen hier über die energetische Ebene hoch in die emotionale. Von hier aus strömen sie als emotionale Energie von ihr aus in das Herz des Mannes und über die Ebene der Energie zurück auf die Ebene des Körpers. Durch die Energietransformation – wenn also im Körper der Frau die Energie, die der Mann in den Kreislauf einspeist, transformiert wird – bleibt der Orgasmus nicht individuell und auch nicht örtlich und zeitlich begrenzt. Er kann sich dann über alle Ebenen ausbreiten und zu immer neuen Wogen der Lust und der Glückseligkeit führen.

Wir müssen verstehen, dass Sexualität eine Quelle der Glückseligkeit ist. Und wir müssen verstehen, dass wir jede einzelne unserer Ebenen des Seins aktivieren müssen, damit sie ins Fließen kommt. Der Liebesakt ist ein religiöser Akt, weil er Mann und Frau wieder mit der Schöpfung verbindet. Schwarz-Schilling weist in ihrem Artikel auf den engen Zusammenhang von Religion und Sexualität hin: Nicht umsonst kommt das Wort Religion von dem lateinischen *religare*, „rückbinden“: Beim Sex spüren Menschen ihre Verbundenheit mit der gesamten Schöpfung.[51] Der Mann erlebt seinen Anteil am Schöpfungsakt im Koitus. Auch deswegen suchen Männer die Frauen: Der Liebesakt dient der Rückverbindung mit dem Ursprung. Das ist das Geschenk der Frau an den Mann. Das Geschenk an die Frau ist es, begehrt zu sein. Sie bekommt Nähe, die ihr der Mann körperlich schenkt. Die Liebenden schenken sich im Liebesakt die Rückbindung an den Ursprung des Lebens.

Die Wurzeln der alten Religionen liegen in der sexuellen Vereinigung des Männlichen und des Weiblichen. Hierin liegt das eigentliche Mysterium der Schöpfung. Der Kriegergott Jahwe vereinigt sich mit der Liebesgöttin Aschera.[52] Leider ist dieses Wissen um die Verbindung von Jahwe und Aschera in Vergessenheit geraten. Zunächst nahm Jahwe die Eigenschaften seiner weiblichen Partnerin auf und wurde so zu einem Wesen, das weibliche und männliche Eigenschaften in sich vereinte. Doch später wurden die weiblichen Eigenschafen wieder abgestoßen, sodass ein rein maskuliner Vater-Gott unser Gottesbild prägt. In der christlichen mittelalterlichen Mystik gab es zwar Ansätze, die ursprüngliche Polarität wieder herzustellen, aber diese Versuche sind heute kaum jemandem bekannt. Im indischen Götterpantheon gibt es hingegen gleich mehrere Götterpaare: Krishna und Radha, Shiva und Parvati oder auch Kama Deva und Rati, um nur ein paar zu nennen.

In der sexuellen Vereinigung des Männlichen und des Weiblichen liegt das Mysterium der Schöpfung.

Die vielen Krisen, die wir heute erleben, lassen sich auf eine fundamentale Vertrauenskrise zurückführen. Wir sind

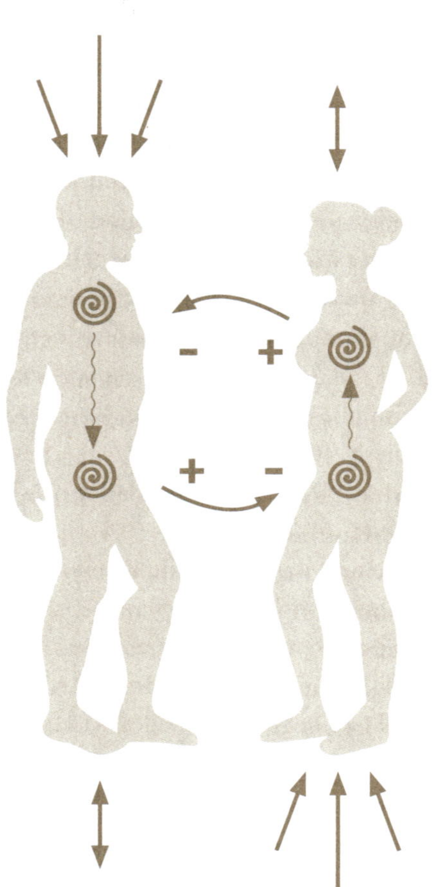

Der Kreislauf der Glückseligkeit

Energie fliesst vom gebenden sexuellen Pol des Maskulinen in Form von sexueller Bewegungsenergie zum empfangenden sexuellen Pol des Femininen. Von hier transformiert sich die sexuell-körperliche Energie hoch ins Herz in emotionale Energie – genauer gesagt in Liebe. Diese strömt vom femininen Herzen hinüber zum maskulinen Herzen. Von dort „regnet" sie wieder hinab und der Kreislauf der Glückseligkeit schließt sich und fließt weiter. Unabhängig davon nehmen wir bewusst oder unbewusst die Energie bzw. den Segen der Erde „Mutter Erde" von unten und des Himmels „Himmlischer Vater" von oben auf.

misstrauisch dem anderen gegenüber, dem Teil, der sich von uns unterscheidet. Wer sich eine gesunde sexuelle Beziehung wünscht, sollte lernen, dem anderen Geschlecht zu vertrauen – auch und gerade aufgrund der gegensätzlichen Polarität. Das Maskuline muss sich der Intuition, der Emotionalität und dem Bedürfnis des Femininen anvertrauen, in Liebe zu fließen, ebenso wie das Feminine der Lust und dem Geschlechtstrieb des Maskulinen vertrauen sollte. Unsere Gegensätzlichkeit macht uns viel zu oft Angst, anstatt dass wir sie als Bereicherung, als Ergänzung begreifen. Wir sind Gegenpole aus gutem Grund, denn nur so fließt Energie. Alles hat seinen Sinn, besonders die Polarität. Wir sind eingeladen, uns selbst und dem Leben zu vertrauen.

Das Männliche und das Weibliche laden sich in einem pulsierenden Energiestrom gegenseitig auf. Das Weibliche hat ein positiv geladenes Herz (siehe Skizze). Aus diesem strömen Emotionen aus. Männer, bzw. das Männliche, sind im Herzen negativ geladen. Hier liegt das Yin des Mannes, der aufnehmende Pol. Leider ist bei vielen Männern das Herz verletzt, was dazu führt, dass sie eine Mauer hochgezogen haben, um sich zu schützen. Genau aus diesem Grund hakt es bei vielen Paaren: Der Kreislauf der sexuellen Glückseligkeit ist unterbrochen. Die Liebe des weiblichen Parts wird vom männlichen oft als Übergriffigkeit empfunden. Zu viel Kuscheln, zu viel Nähe, zu viel Kontrolle. Aber Nähe ist keine Bedrohung. Das Männliche ist eingeladen, Nähe, die überströmende Liebe des Weiblichen als Geschenk zu sehen und nicht als Übergriffigkeit abzuwehren oder sich zurückzuziehen. Männer, bzw. der Part der Beziehung mit dem höheren maskulinen Anteil, sind eingeladen, emotional präsent zu sein.

Frauen sind in ihrem Schoß negativ gepolt. Hier sind sie die Empfangenden. Der Schoß der Frau ist der aufnehmende

Pol, analog zum Herzen des Männlichen. Überall dort, wo wir etwas in uns hineinlassen, wo wir uns öffnen, machen wir uns verletzlich. Was einmal in uns eindringt, hat die Macht, auf uns einzuwirken. Es wird ein Teil von uns. Sich zu öffnen, hat auch immer etwas mit Kontrollverlust zu tun. Und genau an diesem Punkt kommt das Vertrauen wieder ins Spiel. Wir können nur dann freiwillig Kontrolle abgeben, wenn wir vertrauen. In jedem anderen Fall verkehrt sich das Geben in einen Akt der Gewalt. Weil in der Menschheitsgeschichte schon so unzählige Male das Vertrauen ins andere Geschlecht enttäuscht wurde, sind Frauen wie Männer verletzt. Was wir beim Mann auf der Ebene des Herzens erleben, zeigt sich bei den Frauen in ihrem Schoß. Hier sind sie (wenn nicht persönlich, dann zumindest sozio-kulturell betrachtet) verletzt und verständlicherweise verschlossen. Sie weigern sich aufgrund ihrer Vertrauenskrise, maskuline Energie aufzunehmen, und können sie so auch nicht hinauf ins Herz bringen.

Das Männliche ist hingegen so gepolt, dass es sich auf körperlicher Ebene entladen will. Es bringt Bewegungsenergie ins Spiel. Der Mann – das phallische Prinzip – will eindringen und erobern. Da beide Seiten zwar etwas zu geben haben, das Geschenk des anderen aber als Übergriff abwehren, bleiben beide am Ende frustriert zurück. Frauen täuschen Erregung vor, Männer hingegen Liebe. So wird es erwartet. Das Männliche fühlt, dass sie nicht offen für ihn ist, und zieht sich verletzt zurück. Das Weibliche fühlt keinen Fluss aus Liebe und Erfüllung und entlädt sich in Dramen. Dabei ist das Drama der Frau häufig nichts anderes als aufgestaute Herzenergie, die sich entladen muss. Männer sollten versuchen zu verstehen, dass solche Situationen ein Ventil für die Herzenergie sind, die sie selbst im zärtlichen Kontakt nicht angenommen haben. Männern rate ich an dieser Stelle, wie ein

Berg zu sein. Der Berg erträgt jedes Wetter – also die Emotionen des Weiblichen –, egal, ob es Tränen regnet oder sich ein Unwetter entlädt. Männer dürfen hier nicht ausweichen, denn nur durch Entladung kann der Energiekreislauf wieder in Fluss kommen.

So wie das Maskuline die Vorwürfe des Femininen nicht versteht, so verstehen in der Regel Frauen nicht, wieso Männer immer nur Sex wollen. Der Mann will sein Wertvollstes, seine Yang-Energie schenken. Er sucht durch Sex die Nähe, die er anders kaum herstellen kann. Sein Problem ist, dass er, ohne sein Herz zu öffnen, seine eigenen Bedürfnisse nicht wahrnehmen kann, geschweige denn die seiner Partnerin. Dasselbe trifft andersherum auf die Frauen zu. Wir sollten unserer eigenen und der Geschlechtlichkeit unseres Partners viel mehr Wertschätzung entgegenbringen – auch und gerade der Tatsache, dass Hormone mehr als nur ein Wörtchen in unserem Leben mitzureden haben.

Männer haben ihr Herz und die emotionale Ebene dicht gemacht, Frauen ihren Schoß verschlossen. Je verschlossener der Schoß der Frau und das Herz des Mannes sind, desto weniger Verbundenheit kann der Mann erfahren. Je weniger Energie bei der Frau frei fließen darf, desto weiter rücken die Glückseligkeit und das Leben in Fülle in die Ferne. Mangel und Manipulation machen sich breit. Ein Teufelskreis, der besser heute als morgen gestoppt werden sollte.

Wenn wir die Polarität des Weiblichen und des Männlichen verstehen, haben wir den Schlüssel für glückselige Beziehungen.

Wenn wir die Polarität des Femininen und des Maskulinen verstehen, haben wir einen Schlüssel für unsere Beziehungen, um die Quelle der Glückseligkeit anzuzapfen. Gott schuf den

Menschen als Mann und Frau. Er schuf sie polar. Wir müssen uns klar machen, welche Bedürfnisse wir durch unsere Polarität haben, wie die Bedürfnisse meines Partners, meiner Partnerin sind und entsprechend dafür Sorge tragen.

Für das Weibliche liegt der Schlüssel zu einer erfüllenden Paarbeziehung in der Entfaltung ihrer Sexualität, für das Männliche in der Entfaltung seiner Herzkraft und dem Zulassen emotionaler Nähe.

Das Gefühl der Ekstase zulassen

Lasse das Gefühl der Freude zu. Spüre die Kraft der Freude. Erlaube deiner Lust und deiner Glückseligkeit aufzustehen. Lass sie frei, wie einen wilden Tiger, der lange eingesperrt war. Erlaube dir, von Wonne und Ekstase überzulaufen. Tanze, singe, liebe. Wenn du dir erlaubst, auf dieser Welle der göttlichen, unbändigen und Glückseligkeit schenkenden Kraft zu reiten, ist nichts unmöglich! Sprenge deine Grenzen. Öffne deine kreativen Ventile, mit denen du bisher nur dosierte Lebenslust rausgelassen hast. Du darfst die Quelle der heiligsten Energie berühren! Sie überschreitet alle Grenzen. Diese tiefe große Quelle kommt aus deinem ureigensten Gespür für deine eigene unsterbliche Seele. Sie kommt aus dem Gefühl heraus, dass du direkt mit Gott verbunden bist. Gott schaut nicht von oben herab, er schaut von innen heraus. Diese Erkenntnis ist es, die in die Ekstase und in die Glückseligkeit führt. Die Kraft unserer ungebrochenen Natur darf fließen, will fließen. Lass sie fließen. Transzendiere alle Ängste, alle Prägungen, alle Grenzen, die dich von der glückseligen und ekstatischen Urkraft des Lebens abhalten – die dich letztendlich abhalten, du selbst zu sein. Du bist nicht weniger als das Ebenbild Gottes.

Geh ganz in deinen Körper hinein. Lass deine Bedenken ziehen und gib dich der Sehnsucht deines Körpers hin.

Ekstase ist ein Zustand, vor dem sich viele Menschen fürchten. Sie haben Angst, die Kontrolle zu verlieren. Vertraue deinen ekstatischen Kräften, vertraue dem Strom der Glückseligkeit, der wie ein Vulkan aus dir explodieren will. Erlaube dir, deine ekstatischen, deine glückseligen Kräfte in ganzer Freiheit zu genießen. Diese unbändige Kraft hilft dir dabei, deine Träume zu verwirklichen. Kraft, die dir auf körperlicher Ebene geschenkt wird. Du brauchst neben einem klaren Traum schlichtweg Energie. Komm raus aus deinem gewöhnlichen, stumpfen, schläfrigen Gefühlszustand. Mit solchen Gefühlen wirst du weder glückselig, noch kannst du deine Ziele schnell und leicht erreichen. Durch die Mobilisierung der Ekstase, die die pure Liebe zum Leben ist, kannst du Berge versetzen. Liebe ekstatisch, spüre deine göttliche Schöpferkraft! Lass die Beklemmungen und Einschränkungen los! Liebe und tu, was du willst. Dein rastloses Denken und dein mechanisch ratterndes Gedankenkarussell können endlich zur Ruhe kommen. Deine Seele übernimmt das Ruder des Lebens und lässt deine Lebenskraft wieder frei und ungehindert fließen. Im Zustand der Ekstase, der Glückseligkeit und der orgastischen Wonne bist du dem Göttlichen am nächsten.

6. GLÜCKSELIGKEIT EINÜBEN

Im Folgenden will ich dir anhand von einigen praktischen Übungen helfen, das, was du in diesem Buch erfahren hast, in deinem Alltag lebendig werden zu lassen. Die Übungen sind so einfach gehalten, dass du sie selbst zu Hause leicht umsetzen kannst. Du findest sie auch als geführte Meditation auf der Website[54] zu diesem Buch. So kannst du es dir zu Hause bequem machen und dich von mir durch die Übungen führen lassen.

6.1 Übungen auf spiritueller Ebene

Segen der Glückseligkeit

Dieser Segen der Glückseligkeit hat das Potenzial, dein Leben in allen Bereichen auf Glückseligkeit hin zu programmieren. Ich möchte dir ans Herz legen, ihn auswendig zu lernen. So kannst du ihn immer wieder innerlich sprechen, fühlen und dich dadurch segnen. (Es steht dir natürlich frei, das Personalpronomen „mir" durch das „dir" oder „euch" auszutauschen. So geht der Segen von dir aus und auf andere über.)

Unterschätze nie die Kraft eines Segens. Nach innen gerichtet spürst du, wie er ungute Gedanken und Gefühle schnell vertreibt – sich also positiv auf deine mentale Ebene auswirkt. Er ist darüber hinaus aber so aufgebaut, dass er dir hilft, dich auf mannigfaltige Weise zu heilen: Zunächst wirkt er auf der emotionalen Ebene, weil er deine Gefühle auf Glückseligkeit hin ausrichtet. Dabei beruhigt sich dein Atem, du atmest tiefer und ruhiger und lässt dadurch mehr Energie herein. Das wiederum wirkt sich positiv aus auf deine Gesundheit, also auf die körperliche Ebene aus. Aber auch in die andere Richtung, nach oben in der Pyramide der Glückseligkeit, entfalten diese Worte ihre Kraft. Da es sich um einen Segen handelt, bist du automatisch mit deiner spirituellen Ebene verbunden. Du öffnest den Kontakt zu deiner Seele. Du siehst, wie der Segen der Glückseligkeit alle Ebenen des Seins umfasst.

Das Licht im anderen sehen

Wenn du andere Menschen betrachtest, siehst du zuerst ihre Kleider und ihr Gesicht. Schnell haben wir auch einen ersten Eindruck von ihrem Charakter, wir fühlen das, was der andere ausstrahlt. Und damit steht in wenigen Augenblicken fest, ob wir diesen Menschen mögen oder nicht. Das passiert mehr oder weniger von selbst. Du kannst aber trainieren, das Licht der Seele des anderen, das auf der spirituellen Ebene leuchtet, zu sehen. Selbst wenn die Person unfreundlich ist, kannst du versuchen, durch das Offensichtliche hindurch ihr inneres Licht zu sehen. Bei manchen Menschen fällt uns das leichter – wenn sie freundlich sind und uns mit leuchtenden Augen anstrahlen. Aber es geht auch bei allen anderen. Du musst es lediglich wollen und trainieren. Sieh die Welt mit neuen Augen! Wir sind mehr als die Gedanken, die uns durch den Kopf gehen. Wir sind mehr als ein visueller Eindruck. In jedem von uns glüht ein göttlicher Funke, sehnt sich eine Seele nach Erfüllung und Glückseligkeit. Und wir sind alle miteinander verbunden. Das, was wir ausstrahlen, wirkt sich auf unser Gegenüber aus. Wenn wir es schaffen, uns einen liebevollen Blick auf andere anzueignen, dann wird sich die Liebe auf sie übertragen und zu uns zurückkommen. Fokussiere dich auf das Licht der Seele, auf die spirituelle Ebene des anderen. Je öfter du das tust, desto leichter fällt es dir. Je mehr Licht du in anderen entdeckst, desto mehr Licht strahlst du auch nach außen aus. Das wiederum können die anderen wahrnehmen. Wenn du das Licht der Seele zu sehen verstehst, aktivierst du auch deine eigene Ebene der Glückseligkeit. Nichts ist schöner, als wenn zwei Seelen sich auf einer höheren Ebene erkennen.

6.2 Übungen auf mentaler Ebene

Affirmation

Ein klassischer Weg, um unsere Gedanken in positive Bahnen zu lenken, sind Affirmationen. Affirmationen sind Worte und Sätze, mit denen wir unsere Gedanken leicht in andere Bahnen lenken können. Unsere Gedanken kreisen mehr oder weniger ständig um die gleichen Themen. Meist haben sie mit einer Geschichte zu tun, die wir unserer Vergangenheit zuordnen. Heute ist es jedoch nur noch eine Geschichte. Solche Gedankenautobahnen kann man nicht löschen. Aber wir können neue bauen – indem wir uns mit Affirmationen und Gebeten auf andere Themen konzentrieren. Das hängt mit der Neuroplastizität zusammen: Unsere kleinen grauen Zellen gehen neue Verbindungen ein. Aktives Denken und Fühlen verändert unser Gehirn.

Also fangen wir gleich an. Suche dir eine der folgenden Affirmationen aus und wiederhole sie, so oft es geht: wenn du aufwachst, auf dem Weg zur Arbeit, beim Zähneputzen, in der Warteschlange und vor dem Einschlafen. Bleibe am besten eine Weile bei einer Affirmation; so lange, bis sie wirklich Wurzeln geschlagen hat und sie wie von selbst zu einer Art Ohrwurm wird. Du kennst das: Du hörst ein Lied und anschließend geht dir dieses Lied noch eine ganze Weile durch den Kopf. Das ist das Ziel einer Affirmation: ohne bewusst daran zu denken oder sich darauf zu konzentrieren, in einem positiven und bestärkenden Gedankenfluss zu schwimmen.

Eine Affirmation sollte kurz und klar sein. Vor allem sollte sie ein positives Gefühl bei dir auslösen.

Diese Affirmationen sind lediglich Vorschläge. Du kannst dir natürlich deine ganz persönliche Affirmation erschaffen. Sage sie einen Monat lang innerlich so oft du kannst auf. Dann kannst du eine weitere Affirmation hinzunehmen. Die Affirmationen helfen kurzfristig, weil sich der Fokus verschiebt; langfristig werden sie Teil unseres Unterbewusstseins und Selbstbildes.

Visualisieren

Was würde dich glücklich und selig machen? Schreibe alles in einer Liste auf, was dir in den Sinn kommt. Die Wünsche müssen nicht realistisch sein. Frage dich dann: Will ich das wirklich? Falls nicht, streiche diesen Wunsch. Falls es Widersprüche zwischen unterschiedlichen Wünschen gibt, macht es auch hier Sinn, sie entweder zu streichen oder sie in Einklang miteinander zu bringen. Frage dich dann, ob dein Ziel zum Wohle aller ist. Falls das nicht der Fall ist, fällt das Ziel ebenfalls raus.

Sind deine Ziele hoch genug? Eine sehr wichtige Frage, denn du wirst nie weiter kommen, als du dich zu denken traust. Wenn du dir keine Ziele setzt, wirst du nichts erreichen. Aber du darfst dir jedes Ziel setzen, das du willst! Du darfst Berge versetzen wollen. Also nochmal: Was macht dich wirklich glückselig?

Wenn deine Liste mit Zielen fertig ist, gilt es erstmal, entspannt zu bleiben. Du brauchst keine Strategie, keinen Plan. Mach dich frei davon. Du musst dir deine Ziele lediglich vorstellen können. Lass deiner Fantasie freien Lauf! Du darfst es wagen. Versetze dich in einen entspannten Zustand und beginne, deine Ziele zu visualisieren. Visualisiere immer den gewünschten Endzustand, also das Ergebnis, das du erleben wirst, wenn sich dein Wunsch erfüllt hat. Formuliere in der Gegenwart, nicht in der Zukunft. Formuliere positiv (kein „nicht“!). Fühle das Ergebnis. Fühle Glückseligkeit, Freude und Dankbarkeit. Deine Gefühle sind die Energie, deine Gedanken sind das Ziel. Beende deine Visualisierung mit den Worten: „... so oder besser und zum Wohle aller." Entspanne dich, schließe deine Augen und stell dir das Ziel wie in einem Film auf einer Leinwand vor, in dem du selbst mitspielst. Visualisiere wenn möglich in Farbe. Visualisiere nicht länger als ein bis zwei Wochen. Wähle für den Anfang nur ein Ziel auf einmal. Suche dir einen Mentor! Jeder Mensch ist anders und hat andere Gaben und Schwerpunkte. Bei einem erfahrenen Mentor bekommst du die für dich spezifischen Tipps. Außerdem hilft er dir dabei, loszulassen und alte Glaubenssätze, die hinderlich sind, zu bearbeiten. Hilfreich sind besonders Gruppen. Ein Mentor baut mit einer Gruppe ein Feld auf, das dich in einen entspannten Zustand und in eine bessere, seligere Stimmung bringt. Und nochmal: Gefühle sind die Schubkraft, um deine Ziele zu realisieren. Es ist also unabdingbar, dass du dich gut fühlst, wenn du visualisierst. Erst jetzt, ganz zum Schluss, machst du aktiv einen Schritt auf dein Ziel zu. Damit signalisierst du, dass es dir ernst ist und du entschlossen bist.

Die Glückseligkeitscollage

Unser Unterbewusstsein denkt in Bildern. Schon Jahre bevor der Besteller The Secret *auf den Markt kam, habe ich fantastische Erfolge durch Visualisierung und* Visionboards *bzw. Glückseligkeitscollagen erzielt. Fokussiere dich beim Erstellen deiner Glückseligkeitscollagen auf ein bis maximal drei Ziele. Je klarer der Fokus deiner mentalen Energie, desto schneller werden deine Träume Wirklichkeit.*

Die schnellste und einfachste Methode, dir selbst ein *Visionboard* zu erstellen, ist es, das Bild deines Traumes (das Haus, das Auto, die Küche, was auch immer ...) im Internet zu suchen und es als Bildschirmhintergrund für dein Smartphone oder deinen privaten Laptop zu verwenden. So hast du dein Ziel jederzeit klar vor Augen. Für kreative Menschen, die gern malen und basteln, empfiehlt es sich, eine klassische Collage anzufertigen. Suche dir bis zu drei Bilder aus, die deinen Traum abbilden oder ihn symbolisieren. Wenn du möchtest, kannst du zusätzlich positive Affirmationen unter oder zwischen die Bilder schreiben. Je schöner und liebevoller deine Glückseligkeitscollage wird, desto besser. Wenn du gerne malst, kannst du natürlich auch das, was dich in Zukunft glückselig machen soll, selbst malen oder zeichnen. Besonders schön sieht deine Collage in einem Bilderrahmen aus. Hänge sie nun an einen Platz, den du täglich siehst. Wer es dezent mag, kann auch einen kleinen Bilderrahmen mit seiner Glückseligkeitscollage füllen und diesen auf den Nachttisch stellen, wo ihn nicht jeder sieht. Viele Glückseligkeitscollagen, die ich gesehen habe, sind ziemlich überfüllt. Ich setze hier klar auf Fokus: lieber eins nach dem anderen; desto stärker ist dein Energiefluss. Du kannst bald den nächsten Fokus setzen.

Kollektives Visualisieren

Ich habe die Erfahrung gemacht, dass Visionen sehr mächtig sind. Visionen, die mehrere Menschen miteinander teilen, sind aber noch so viel mächtiger! Ich möchte mit dir zusammen eine positive Vision erschaffen, sodass wir gemeinsam in Frieden, Freiheit, Gesundheit, Wohlstand und Glückseligkeit leben. Je mehr Menschen positive Visionen haben, die von positiven Schwingungen und Gefühlen wie Liebe, Dankbarkeit und Glückseligkeit unterlegt sind, desto leichter lassen sich diese Werte verwirklichen. Unterschätze bitte nie die Macht des Gebetes und des gemeinsamen Gebetes.

6.3 Übungen auf emotionaler Ebene

Innere Wunden mit Würde tragen

Was uns besonders auf der emotionalen Ebene oft im Weg steht, sind die eigenen inneren Verletzungen. Die meisten von uns tendieren dazu, wegzuschauen, davonzulaufen oder sie zu verdrängen. Unreflektierte Wunden stehen unserer Glückseligkeit auf emotionaler Ebene immer im Weg. Deswegen ist es unerlässlich, auf dem Weg zur inneren Freude und Gelassenheit auch unsere Verletzungen zu betrachten und sie als Teil von uns anzunehmen. Nimm dir ein wenig Zeit und komme in Kontakt mit deinen Verletzungen. Welche Verletzungen kommen dir in den Sinn? Wie fühlen sich diese Verletzungen an? Wer hat sie dir zugefügt? Welche Strukturen hast du bewusst oder unbewusst entwickelt, um deine Wunden zu verdecken oder gar zu verpanzern? Achte darauf, wie du auf die Verletzungen reagierst. Bagatellisierst du? Rationalisierst du? Nutzt du deine Wunde als Ausrede, um im Leben nicht weiterzugehen? Kreist du um deine Verletzung und schiebst die Verantwortung ab? Ordne deine Verletzungen zu einem Baum der Verletzung. Was sind die Hauptwunden, was die Nebenwunden? Fühle den Kontakt zu deinen Verletzungen und stell dir vor, wie du sie mit Würde trägst. Sage dabei innerlich Ja zu deiner Verletzung.

Du hast nun Kontakt zu deiner Wunde bekommen. Sie hat dich auch stark gemacht. Deine Verletzung hat dazu geführt, dass du eine Kompetenz entwickelt hast. Wahrscheinlich hängen deine Kernverletzungen und deine Kernkompetenzen eng zusammen. Tauche ein in das Mysterium der Wunde. Sie ist Fluch und Segen in einem. Sie umfasst Tod und Auferstehung. Setze dich nun hin und werde still. Stell dir vor, wie eine weise liebevolle Gestalt neben dir sitzt. Vielleicht wählst du einen

Engel, einen Mentor, eine weise Frau oder Christus. Er oder sie legt den Arm um dich. Er weiß, was es heißt, verletzt zu sein. Er kennt deinen tiefsten Schmerz. Fühle bzw. stell dir vor, wie aus seiner Hand Heilung über deine Schultern in jede Zelle deines Körpers fließt. Du wirst ganz. Die weise, liebevolle Gestalt spricht zu dir und sagt: „Ich liebe dich. Du bist gut." Jedes Gefühl in dir wandelt sich langsam in ein Gefühl von Geborgenheit und Geliebtsein. Du fühlst in dir deine unsterbliche Seele. Du fühlst, dass du das ewige Leben in dir trägst. Du fühlst, dass deine Seele nicht verletzt werden kann. Gib deiner Seele noch ein wenig Raum und Zeit. Lass zu, dass das Licht deiner Seele und das Licht der weisen liebevollen Gestalt sich verbinden. Komm nun wieder zurück in deinen Körper und öffne deine Augen.

Wenn dir das nächste Mal Menschen begegnen, die anders agieren, als es ideal wäre, mache dir bewusst, dass auch sie verletzte Männer und Frauen sind. Fühle, wie Mitgefühl in dir anderen gegenüber aufsteigt. Fühle den Kontakt von deinem Herz zum Herz dieser Menschen.

Die Kerzen-Meditation

Durch die punktuelle Fokussierung auf eine Kerzenflamme wird der Geist konzentriert. So einfach diese Übung ist, so wirksam ist sie. Sie führt sehr schnell in eine tiefe Meditation und schafft ohne große Mühe eine emotionale Reinigung. Negative Gedanken und Gefühle lassen sich mit der Kerzen-Meditation leicht auflösen.

Zünde eine Kerze an. Stelle sie in einem Abstand, der sich für dich angenehm anfühlt, vor dich hin (idealerweise brennt die Flamme etwas unterhalb deiner waagerechten Sehachse). Atme ruhig und tief ein und schließe die Augen. Du spürst, wie sich in der Ruhe auch deine Gedanken beruhigen.

Öffne die Augen und lasse deinen Blick zur Kerze wandern, bis er auf der Flamme ruht. Schaue nun direkt in die Flamme. Nimm ihr Aussehen wahr, ihre Bewegung und Veränderung. Erkenne ihre Strahlkraft, erfasse ihre Form, die verschiedenen Schichten und Farben. Mach dich mit ihr vertraut und spüre, wie sie Licht, Wärme und Energie verbreitet und wie du diese in dich aufnehmen kannst. Schicke nach einer Weile alle Bilder, Gedanken, Gefühle und alle Ereignisse des Tages in die Flamme. Dort lösen sie sich auf. Du kannst nun auch sehr negative und belastende innere Bilder in die Flamme schicken. Sie lösen sich dort auf.

Sobald du deine inneren Bilder losgelassen hast, kannst du dich wieder ganz auf die Kerzenflamme konzentrieren. Versuche, dir ihr Bild genau einzuprägen. Nach einer Weile schließt du die Augen und lässt das Bild der Flamme, das du nun vor deinem inneren Auge siehst, auf dich wirken. Sobald das innere Bild verschwindet, öffnest du die Augen wieder und wiederholst den Vorgang. Lasse deinen Blick jetzt ganz weich werden – so, als ob du in die Ferne schaust. Richte deine Aufmerksamkeit auf das „dritte Auge", den Punkt zwischen deinen Augenbrauen. Dieser Teil deines Körpers steht in Verbindung mit der Hypophyse im Gehirn. Wird sie aktiviert, fördert dies Spiritualität und Menschlichkeit, indem es die geistigen Kräfte für Selbsterkenntnis, Intellekt und Intuition harmonisiert. Bleibe in dieser Empfindung, solange du das Bild siehst und solange es dir guttut. Du bist konzentriert, entspannt und ganz ruhig.

Dieses Ritual hat viele positive Auswirkungen – nicht nur auf emotionaler, sondern auch auf spiritueller und mentaler Ebene. Dennoch habe ich es an dieser Stelle eingeordnet, da es die wunderbare Kraft besitzt, negative Emotionen in solche zu transformieren, die dich auf deinem Lebensweg unterstützen.

Übung Partnerschaft und Präsenz

Wenn Frauen von Emotionen überschwemmt werden, ist es für sie oft viel schwerer, wieder in die Präsenz zurückzufinden. Männer haben es hier hormonell bedingt tendenziell leichter. Eine großartige Unterstützung, die Männer Frauen geben können, ist es, ihre Präsenz zu schenken, wenn die Partnerin gerade von ihren Emotionen überwältigt zu werden droht. Das kann Drama und Leid sein, ebenso wie Furcht und Tränen.

Der Mann (bzw. der Partner, der gerade präsenter ist) geht in Kontakt mit seinen Füßen: Fühle, wie du fest mit beiden Beinen auf dem Boden stehst. Stell dir vor, du bist ein Berg. Du bist stark, geerdet, gelassen und präsent. Deine Partnerin ist wie das Wetter. Vielleicht hagelt es gerade (Vorwürfe). Vielleicht regnet es gerade (Tränen). Vielleicht schleudert es gerade Blitze (aus Unterstellungen). Emotionen sind wie Wetter. Das Wetter ändert sich bald wieder. Bald scheint wieder die Sonne. Bald ist es wieder windstill und warm. Deine Aufgabe ist es, präsent zu sein. Nicht auszuweichen. Ihre Gefühle sind ihre Gefühle und nicht deine. Lass dich nicht verführen, in Leid und Drama mit einzusteigen. Renne auf keinen Fall weg! Zieh dich auf keinen Fall zurück! Lass dich nicht verführen, den Retter zu spielen. Du bist der Berg. Sei im Herzen, zeige Mitgefühl, aber kein Mitleid. Bleibe in der Liebe zu dir und zu ihr. Bleibe im Kontakt.

6.4 Übungen auf energetischer Ebene

Tiefer glückseliger Atem

Das autonome Nervensystem ist mit den inneren Organen und mit der Lunge verbunden. Je nachdem, wie wir atmen, hat das eine stimulierende Wirkung auf unsere Organe, auf unser Nervensystem und auch auf unsere Gefühls- und Gedankenlage. Unser Atemrhythmus steigt, wenn wir aktiv sind, und sinkt, wenn wir uns entspannen. Ganz allgemein ist es so, dass langsames und tiefes Atmen unser parasympathisches Nervensystem stimuliert, wohingegen schneller Atem das sympathische Nervensystem aktiviert. (Wenn ich „tief" schreibe, dann heißt das: mit einem vollen Atemzug in jeden Bereich deiner Lunge. Achte dabei bitte bewusst auf deinen Atem. Es geht nicht darum, möglichst lange und damit unnatürlich einzuatmen. Da unser Atmen unmittelbar an die Art und Weise, was und wie wir denken und fühlen, gekoppelt ist, macht es Sinn, wenn du genau beobachtest, was bei dir passiert – und zwar körperlich und gefühlsmäßig.)

Stufe 1 – Bauchatmung

Lege dich auf den Rücken. Stelle deine Füße auf den Boden und ziehe sie möglichst dicht an den Po. Spreize die Fußsohlen leicht auseinander. Lege deine Hände auf den Bauch, eine Hand ober- und die andere Hand unterhalb des Bauchnabels. In dieser Haltung kannst du die Bauchatmung leichter ausführen. Atme nun ein. Fühle, wie sich dein Bauch ausdehnt in Richtung Becken, und fühle dann, wie die Bauchdecke sich anhebt.

Stufe 2 – Tiefer Atem im Liegen

Wir starten wieder mit der Bauchatmung wie oben beschrieben. Dann dehnen wir den Atem aus, bis hoch in den Brustkorb hinein. Zuerst tief in den Bauch hinein atmen, dann im weiteren Verlauf des Atemzuges in den Brustkorb und schließlich in den oberen Bereich des Brustkorbs. Fühle, wie sich dein Brustbein hebt. Behalte beim Ausatmen die gleiche Reihenfolge bei: erst aus dem Bauch ausatmen, dann aus dem Brustkorb und schließlich aus dem oberen Bereich des Brustkorbs. Dabei solltest du die ganze Zeit über möglichst locker und entspannt bleiben. Bitte nichts erzwingen! Lass es fließen. Wenn du eine Weile im Liegen geübt hast, kannst du die Übung das nächste Mal im Sitzen und dann auch im Stehen versuchen.

Stufe 3 – Tiefer Atem im Sitzen

Bitte praktiziere diese Übung erst, wenn du Stufe 1 und 2 wirklich gut beherrschst – wenn dir der tiefe, glückselige Atem ohne Anstrengung gelingt, ohne Spannung und ohne, dass du außer Atem kommst. Jetzt kommt nämlich noch die Kontrolle der Bauchmuskeln hinzu.

Nimm bitte eine bequeme Haltung auf einem Stuhl ein. Ein Stuhl, kein Sessel. Du solltest aufrecht sitzen, ohne dich anzulehnen. Während du den tiefen glückseligen Atem praktizierst, spanne die Bauchdecke ganz leicht an. Wiederhole die Übung bitte für ein paar Minuten. Los geht`s:

Einatmen – dein Bauch dehnt sich leicht aus – dann der Brustkorb und zum Schluss der obere Brustkorb. Der ganze Atemzug wird damit in drei Teile unterteilt. Zu Beginn des Einatmens in den Bauch, dann in den Brustkorb und zuletzt in den oberen Teil des Brustkorbs. Hier oben fühlst du, wie deine Schultern sich heben.

Mach nun eine kurze Atempause von ca. ein bis drei Sekunden. Nun wieder ausatmen – zuerst aus dem Bauch ausatmen. Dann den Brustkorb entspannen und mit der Entspannung ausatmen. Zuletzt aus dem oberen Teil des Brustkorbs ausatmen. Der Bauch sollte leicht angespannt bleiben. Fünf bis zehn Prozent Muskelspannung reichen vollkommen. Nun folgt eine kurze Pause ohne Atem. Die Schultern und der Brustkorb bleiben entspannt.

Die Kontrolle der Bauchmuskeln braucht einige Zeit. Bitte übe zu Beginn täglich rund zehn Minuten. Der tiefe vitale Atem mit Bauchmuskelkontrolle bildet die Grundlage für den fortgeschritteneren vitalen Atem und seine Techniken.

Loslassen und Beständigkeit

„Loslassen? Um Gottes Willen! Das kann ich nicht." Das ist ein Satz, den ich in meinen Meditationsseminaren häufig zu hören bekomme. Auch um die Beständigkeit ist es leider viel zu oft schlecht bestellt. Es sind zwei Eigenschaften, die zwar äußerst hilfreich im Leben sind, aber einfach nicht besonders populär. Der Trend unserer Gesellschaft ist die Kontrolle. Wer sich und alles um sich herum nicht im Griff hat, der ist schwach, dem ist nichts zuzutrauen. Und Beständigkeit wird leider immer wieder mit Stillstand verwechselt – äußerst schädlich in einer Welt des Fortschritts. Dabei sind beide Eigenschaften absolut grundlegend für jede Form der inneren Ruhe und der Glückseligkeit.

Ich möchte an dieser Stelle für beides eine Lanze brechen. Es ist wichtig, dass du verstehst, was ich meine, wenn ich von Loslassen und Beständigkeit schreibe, um dich davon zu überzeugen, wie wichtig, nützlich und absolut erstrebenswert sie sind. Wenn du eine innere Abneigung gegen diese Fähigkeiten hegst, wirst du die folgende Übung wahrscheinlich überspringen oder nicht ernsthaft einüben. Das wäre ein echter Verlust und ein großer Stolperstein in Richtung Glückseligkeit.

Mit den folgenden Atemtechniken gebe ich dir ein einfaches Werkzeug mit auf den Weg, wie du diese beiden Eigenschaften bald zu deinen Charaktereigenschaften zählen kannst. Hierbei geht es darum – anders als beim gleichmäßigen Atmen –, länger aus- als einzuatmen. Dabei dauert das Ausatmen doppelt so lange wie das Einatmen. Wir zählen innerlich folgendermaßen:

- 1: einatmen (innerlich bis 1 zählen)
- 1: Luft anhalten mit vollen Lungen
- 2: ausatmen und innerlich bis 2 zählen
- 1: anhalten mit ausgeatmeten Lungen (innerlich bis 1 zählen)

Wir beginnen mit 1 : 1 : 2 : 1,
es folgt 4 : 4 : 8 : 4,
dann 6 : 6 : 12 : 6

Der Fokus liegt hierbei auf dem Ausatmen, dem Loslassen. Fühle dich eingeladen, in den tiefen, ruhigen Raum am Ende eines Atemzuges einzutreten. Vielleicht machst du sogar die Erfahrung, dass dieser stille Raum sich auch auf die anderen Phasen deiner Atemzüge ausbreitet.

Durch diese Atemübung trainierst du außerdem Beständigkeit und innere Stabilität. Mit innerer Beständigkeit kannst du tiefe Erfahrung von überschäumender Wonne und Glückseligkeit erleben. Beständigkeit brauchst du, um deine Ziele zu erreichen und deine guten Vorsätze auch umzusetzen.

Das Gedankenkarussell durch den Energiefluss stoppen

Bitte beginne mit der Übung „Tiefer glückseliger Atem“ weiter oben im Abschnitt, bevor du diese Atemübung praktizierst.

Das Ziel dieser Übung ist es, Anspannungen und Stress, innere Getriebenheit und Grübeleien durch den sogenannten Quadrat-Atem zu lösen. Der gleichmäßige Atem ist ein ausgezeichnetes Instrument, um den Geist unter Kontrolle zu bringen. Hierbei atmen wir genauso lange ein, wie wir ausatmen. Zähle dabei still für dich von eins bis vier: also einatmen (eins, zwei, drei, vier), halten (eins), ausatmen (eins, zwei, drei, vier), halten (eins) und wieder von vorn. Um das Ganze etwas systematischer darzustellen, verwende ich hierfür die Schreibweise 4 : 1 : 4 : 1. Die 1 ist dabei einfach die natürliche Pause, also das Innehalten zwischen Ein- und Ausatmung.

Bei der nächsten Technik verlängerst du die Pause ebenfalls auf 4. Diese Form des gleichmäßigen Atems wird auch Quadrat-Atem genannt. Hierbei zählst du also nicht nur beim Ein- und Ausatmen bis vier, sondern auch bei den Pausen dazwischen: einatmen (eins, zwei, drei, vier), halten (eins, zwei, drei, vier), ausatmen (eins, zwei, drei, vier), halten (eins, zwei, drei, vier). In meinem vereinfachten Schreibschema hieße das 4 : 4 : 4 : 4.

Sobald du es schaffst, zehn Minuten auf diese Weise zu atmen, ohne außer Atem zu kommen, kannst du die Atemphasen verlängern, zum Beispiel auf 6 : 6 : 6 : 6 erhöhen. Dadurch werden nicht nur deine Gedanken klarer, sondern du gewinnst auch mehr Energie. Falls du dabei Luftnot bekommst, einfach auf 5 : 5 : 5 : 5 reduzieren. Du wirst sehen: Wenn du regelmäßig diese Form des Atmens trainierst, wirst du es locker irgendwann auch bis 8 schaffen. Dabei sollte das Ganze auf keinen Fall in eine Art Wettkampf mit deiner Lunge ausarten! Jede Form von Verkrampfung wäre hier schädlich.

6.5 Übungen auf körperlicher Ebene

Tiefenentspannung

Wir Menschen können enorm viel Leistung bringen. Aber eben nicht im Dauerbetrieb. Gott sei Dank gibt es für fast jedes Problem die passende Übung – sogar wie man richtig Pause macht. Daher möchte ich dich gerne in ein kleines Glück mitten im Tag entführen. Und dieses Glück heißt: Entspann dich! Wir erreichen weder unsere Ziele noch fühlen wir uns gut, wenn wir gestresst und angespannt sind. Von daher ist Entspannung ein weiterer Schlüssel zu einem gelungenen glückseligen Leben.

Zehn bis zwanzig Minuten bewusst zu entspannen, können die negativen Auswirkungen von Stress beseitigen – das ist wissenschaftlich bewiesen. Denn wenn du dich bewusst entspannst, herrschen die sogenannten Alpha-Wellen im Gehirn vor. Durch sie ist Entspannung messbar. Wenn ein Arzt ein EEG macht, tut er nichts anderes, als deine Gehirnwellen zu messen. Je nachdem, ob du gestresst, aktiv, entspannt bist oder schläfst, misst das EEG verschiede Wellen. Diese werden in Alpha-, Beta-, Theta- und Delta-Wellen unterteilt und in der Einheit Hertz gemessen. Der Bereich von sieben bis vierzehn Hertz gilt als sehr erholsam und gesund. Das sind die Alpha-Wellen. Wenn du sie durch Tiefenentspannung erzeugst, führt das dazu, dass:

- deine Aufmerksamkeit von äußeren Stimuli abgezogen wird und dein mentales Bewusstsein in einen gesünderen Zustand übergeht,
- du mental, emotional und körperlich in einen Zustand wacher Entspannung kommst,
- dein Herzschlag sich beruhigt und dein Stoffwechsel in die Ruhephase eintreten kann,

- dein Immunsystem stimuliert wird und viele positive Prozesse in Gang gesetzt werden,
- deine Lernkapazität sich erhöht,
- deine kreativen Gedanken und deine Fähigkeit, Lösungen zu finden, erhöht werden – du also die mentale Zone der Genies betrittst,
- du inneren Frieden findest und dich in der Lage fühlst, die Herausforderungen des Lebens zu meistern,
- du deinen Akku auflädst.

Lege dich auf deinen Rücken. Die Füße haben einen Abstand von ca. 30 bis 40 Zentimetern zueinander. Deine Hände liegen mit den Handflächen nach oben neben deinem Köper. Atme ein und spanne nun die Muskeln in deinem rechten Fuß und deiner rechten Wade an. Halte die Spannung für einen Augenblick. Entspanne nun deinen rechten Fuß und deine rechte Wade. Gehe nun mit deiner Aufmerksamkeit weiter in dein rechtes Knie, spanne es an, halte die Spannung und lass dann wieder los. Dann fahre auf gleiche Weise fort mit deinem rechten Oberschenkel. Anspannen, halten, entspannen. Scanne auf diese Weise einmal deinen kompletten Körper. Nach dem rechten Bein bis zur Hüfte das linke Bein, dann vom Gesäß weiter hoch über den Bauch und den Rücken in den Brustkorb, dann weiter mit der rechten Hand, rechter Unterarm, rechter Oberarm, linke Hand, linker Unterarm, linker Oberarm, Schultern. Hebe die linke und anschließend die rechte Schulter an und lasse sie wieder zurück zur Matte gleiten. Komm nun in den Nacken, drehe den Kopf nach rechts und dann nach links. Spanne nacheinander die Muskeln im Gesicht, im Kiefer und in der Kopfhaut an und entspanne sie. Nachdem du auf diese Weise einmal jede Partie deines Körpers bewusst an- und wieder entspannt hast, genieße nun einfach die Wärme und tiefe Entspannung, die deinem Körper, deinem Geist und deiner Seele wohltun. Wenn du es schaffst, während der Tiefenentspannung nicht einzuschlafen, können neben den oben genannten Vorteilen auch nach und nach emotionale Wunden heilen.

Um wieder aus der Tiefenentspannung ins Hier und Jetzt zurückzukehren, visualisiere Sonnenlicht, das vom Scheitel bis zu den Fußsohlen durch deinen ganzen Körper fließt und dich mit Licht, Wärme und Energie auflädt. Dehne nun deine Arme, deine Beine, dann den ganzen Körper. Setze dich wieder auf und öffne nun die Augen.

Du bist so wertvoll, gönne dir einfach diese wunderbare Glücks-Auszeit. Jeder Tag hat 1.440 Minuten, mit nur 15 Minuten Tiefenentspannung legst du ein gutes Fundament, um jeden Tag ein bisschen glückseliger zu werden.

Fokus auf den Körper

Nimm eine bequeme aufrechte Haltung ein. Setze dich aufrecht auf die Kante eines Stuhls, die Füße auf den Boden. Wenn du hast, setze dich auf dein Meditations-Bänkchen oder Kissen. Entspanne Schritt für Schritt deinen Körper, lass ihn ganz zur Ruhe kommen. Beobachte deinen Körper und deine Empfindungen. Wandere mit deiner Aufmerksamkeit durch deinen Körper in die Erde, dann wieder hinauf in die Beine; verweile dann an der Stelle, wo deine Gesäßknochen die Sitzfläche berühren, komm dann mit deiner Konzentration in den Bauch. Beobachte das Heben und Senken der Bauchdecke. Warte und beobachte, wie deine Aufmerksamkeit langsam aufsteigt zum Brustkorb.

Beobachte das Heben und Senken des Brustkorbs. Fokussiere dich dann auf dein Brustbein und seine Auf- und Abwärtsbewegung. Bleibe hier auf der Höhe deines Herzens, deine Aufmerksamkeit bleibt auf der körperlichen Ebene.

Du wirst eventuell ein Gefühl von Wärme spüren, das aus der Region hinter deinem Brustbein ausstrahlt. Bleibe in diesem Fühlen. Warte, bis deine Aufmerksamkeit wie von selbst weiter aufsteigt auf Höhe des Halses. Höre auf deinen Atem. Wie hört er sich an? Verweile, bis deine Aufmerksamkeit dich zu deiner Nasenspitze führt.

An der Nasenspitze angekommen, richte deine Aufmerksamkeit auf die Kälte und die Wärme, die du an den Nasenlöchern fühlen kannst. Bleibe eine Weile mit deiner Aufmerksamkeit hier und fühle, wie leicht es ist, still zu sein. Um diese Übung abzuschließen, bringe deine Aufmerksamkeit zurück zum Herzen und zum Brustbein. Hebe deine Hände vors Gesicht, spüre die Wärme. Führe dann die Hände langsam vom Gesicht weg und öffne die Augen.[53]

Literaturliste

Hier ein paar der wichtigsten Bücher, die mich beim Schreiben inspiriert haben:

- Aristoteles, *Nikomachische Ethik*, Reclam, Stuttgart
- Hans Küng, *Projekt Weltethos*, Piper, München, 5. Aufl. 1992
- Dr. Mansukh Patel, Chris Barrington, Savitri MacCuish, John Jones, *The Dru Bhagavad Gita*, Life Foundation Publications, United Kindom, 2004
- Annie Jones, Anita Goswami, Chris Barrington, *Stillness in Motion, Dru Yoga*, Dru Publications, North Wales, UK, 2005, 4. Auflage 2013
- Sukadev Bretz, *Die Bhagavad-Gita für Menschen von heute, Erläuterungen*, Sukadev Bretz,Yoga Vidya Verlag, Germany, 2. Auflage 2017
- Richard Rohr, *Adams Wiederkehr, Initiation und Männerspiritualität*, Claudius, München 2013 (Neugestaltete Ausgabe von Rohr, *Endlich Mann werden*, Claudius München 2005)
- Robert Bly, *Eisenhans - Ein Buch über Männer*, Rowohlt 1990
- Wunnibald Müller, *Küssen ist beten: Sexualität als Quelle der Spiritualität*, Grünewald, Mainz, 2003
- David Deida, *Der Weg des wahren Mannes, Ein Leitfaden für Meisterschaft in Beziehungen, Beruf und Sexualität*, J. Kamphausen Verlag & Distribution GmbH, Bielefeld 2006, 11. Auflage 2013
- Alexandra Schwarz-Schilling, *Die Polarität der Geschlechter, Die Mann-Frau-Beziehung zwischen alten Wunden und neuen Perspektiven*, erschienen in *Tattva Viveka* 50, Zeitschrift für Wissenschaft, Philosophie & Spirituelle Kultur, Berlin

Anmerkungen

1 Hans Küng, „Projekt Weltethos“, Piper, München, 5. Auflage 1992
2 Niklaus Brantchen, „Via Integralis, Wo Zen und christliche Mystik sich begegnen“, Kösel Verlag, München, 2011
3 Juliana von Norwich, „Revelations of Divine God“. Das Originalzitat lautet: „But he didn't take anything at all when he made man's soul: he just created it. And in this way, created nature was duly united to its Maker, who is essentially uncreated Nature: that is, God. And that is why there neither can nor should be anything at all between God and a man's soul." Zitiert aus: *https://jessicadavidson.co.uk/2018/10/30/julian-of-norwich-nothing-between-god-and-the-soul/*(zuletzt aufgerufen am 24.4.2022)
4 Matthäus 17,20-21
5 Markus 11,24, EÜ
6 Teresa von Ávila, „Gedanken zum Hohenlied, Gedichte und kleinere Schriften“, Herder 2011, S. 344
7 Matthäus 6,33 LUT
8 Matthäus 6,8ff, EÜ
9 1. Thessalonicher 5,21
10 Siehe Einleitung
11 Matthäus 6,26
12 Die Apokryphen sind Schriften über das Leben Jesu, die nicht in die Bibel mit aufgenommen wurden.
13 Matthäus 17,20-21
14 „Bhagavad Gita bedeutet ‚Der Gesang des Erhabenen‘ bzw. ‚Der Gesang Gottes‘. Hinter diesem klangvollen Namen verbirgt sich das wohl meistgelesene Buch in Indien. Es ist quasi die Bibel der Hindus und viele Inder tragen es stets bei sich, um jederzeit darin lesen zu können…“ aus: Die Bhagavad-Gita für Menschen von heute, Erläuterungen Sukadev Bretz, Yoga Vidya Verlag, Germany, 2. Auflage 2017
15 Das erste Mal, dass dies nachgewiesen wurde, war beim berühmten Doppelspaltversuch. Das Thema fällt in den Bereich der Quantenphysik. Quanten sind die kleinsten Teilchen, oder besser gesagt, das Allerkleinste, aus dem die Atome, ihre Protonen und Neutronen bestehen. Je genauer man hinschaut, aus was die Elemente bestehen, desto weniger bleibt übrig. Am Ende sind es nur noch Wellen – und zwar Wellen, die von Bewusstsein abhängig sind. Dieser Bereich der Physik fordert seit über hundert Jahren die Menschheit heraus.
16 Alle Übungen und Meditationen findest du hier: *www.glückseligkeitsprinzip.de*
17 *https://www.technik-und-wissen.ch/das-potenzial-von-intuition-in-der-qualitativen-forschung.html* (zuletzt aufgerufen am 24.4.2022)
18 Ebd.
19 Matthäus 21,18ff
20 Johannes 14,12
21 Johannes 16,24
22 *https://de.wikibrief.org/wiki/W._H._Murray* (zuletzt aufgerufen am 23.04.2022)
23 Ebd. Ich habe die deutsche Übersetzung des Zitates angepasst, wo ich es für sinnvoll hielt.
24 Bibelzitat

25 Dieser Abschnitt über die Wunde geht auf Walter Mauckner und seine großartige Arbeit zurück. Er ist Gründer von ZIPAT, dem Zentrum für initiatisch-phänomenologische Arbeit und Therapie. Während der Fortbildung bei ihm habe ich dort sowohl in Praxis als auch Theorie das Prinzip der Wunde kennengelernt und miterlebt *www.zipat.de* (zuletzt aufgerufen am 24.4.2022)

26 Ebd.

27 Robert Bly, „Eisenhans: Ein Buch über Männer", Rowohlt, 2005

28 Bei einem „Visionboard" (auch Visionstafel) handelt es sich um eine Sammlung von Bildern, Fotos oder Symbolen, die deine Ziele oder Träume repräsentieren. Im Aktiv-Teil in Kapitel 6 unter dem Stichwort „Glückseligkeitscollage" findest du eine Anleitung.

29 Genesis 2,7

30 „Sama vritti" ist Sanskrit. Sama bedeutet gleich und vritti bedeutet Bewegung, Aktivität.

31 Father Richard Rohr, *https://youtu.be/SilgjFpdtwM* zuletzt gesehen am 01.05.2022

32 Lucy F. Jones, „Die Wurzeln des Glücks, Wie die Natur unsere Psyche schützt", 2021

33 *https://www.deutschlandfunkkultur.de/oekologische-trauer-psychisch-krank-durch-klimawandel-100.html* (zuletzt aufgerufen am 14.04.2022)

34 2. Mose 3,5

35 Wenn du Lust hast, gleich mit der Erde in einen energetischen Austausch zu treten, lade ich dich ein, die Übung „Meditation mit Fokus auf die Erde" im Aktiv-Teil auszuprobieren.

36 *https://www.medizin.uni-muenster.de/fakultaet/news/sonne-ist-gut-gegen-multiple-sklerose-neue-studie-zeigt-die-positive-wirkung-von-uv-strahlen.html* (zuletzt aufgerufen am 24.4.2022)

37 Ebd.

38 *https://www.tagesspiegel.de/gesellschaft/dr-wewetzer-ueber-die-gesundheitsfoerdernde-wirkung-von-sonnenschein-laenger-leben-dank-licht/13391208.html*, zuletzt gesehen am 24.04.2022

39 *https://www.scinexx.de/dossierartikel/sonnenlicht-macht-laune/* zuletzt gesehen am 24.04.2022

40 Ebd.

41 Aristoteles, Nikomachische Ethik

42 *https://beruhmte-zitate.de/autoren/john-lennon/* zuletzt gesehen am 01.05.2022

43 Wenn du möchtest, kannst du es jetzt gleich einmal ausprobieren. Unter dem folgenden Link zeige ich dir ein Set an Übungen, die das Fundament für Glücksgefühle, Energie und inneren Frieden legen: *www.michael-mann.info/glückseligkeit*

44 Annie Jones, Anita Goswami, Chris Barrington, „Stillness in Motion, Dru Yoga", Dru Publications, North Wales, UK, 2005, 4. Auflage 2013

45 Masaru Emoto, „Die Antwort des Wassers", Koha-Verlag, Burgrain 2002

46 Wunnibald Müller, „Küssen ist beten: Sexualität als Quelle der Spiritualität", Grünewald, Mainz, 2003, S. 5

47 Ebd.

48 Die Bibel, Das Hohelied Salomons

49 David Deida, „Sex als Gebet, Leitfaden für Frauen und Männer zu ekstatischer Liebe und Leidenschaft", J. Kamphausen Verlag 2018

50 Alexandra Schwarz-Schilling, „Die Polarität der Geschlechter“, in: Tatte Viveka 50, abgerufen unter *https://sinnenfeuer.de/downloads/Schwarz-Schilling_TV50.pdf*; zuletzt am 01.05.2022

51 Ebd., S. 19

52 Heinz-Werner Kubitza, „Der Dogmenwahn. Scheinprobleme der Theologie. Holzwege einer angemaßten Wissenschaft“, Tectum Verlag 2015, zitiert aus *http://www.dogmenwahn.de/wp-content/uploads/Dogmenwahn-Jahwes-Gemahlin-Aschera.pdf*, zuletzt aufgerufen am 18.04.2022

53 Du kannst dich auch gerne von mir durch diese Meditation führen lassen. Hier findest du die Anleitung als MP3: *www.michael-mann.info/glückseligkeit*

54 Die Übungen aus dem Aktiv-Teil findest du als Audiodatei auf *www.michael-mann.com/glückseligkeitsprinzip*.

Notizen